Beck'sche Reihe
BsR 256

Alles reale, in einer Gesellschaft geltende Ethos ist nicht selbstverständlich. Es trägt Spuren von Unwissenheit, Verdrängung, Unterdrückung. Ist es das Ethos der Herrschenden? Ist der Mißbrauch des Wortes „gut" sein häufigster Gebrauch? Die acht Kapitel dieses Buches erörtern ohne terminologischen Aufwand und ohne gelehrte Voraussetzungen einige jener Grundbegriffe, die wir alle täglich verwenden, wenn wir mit uns selbst oder mit anderen über den moralischen Aspekt unserer Handlungen zu Rate gehen. Der Autor nähert sich dabei der „familiären Unterredung", die Platon zur Erörterung ethischer Grundbegriffe empfohlen hat.

Robert Spaemann ist emeritierter Professor für Philosophie an der Universität München.

ROBERT SPAEMANN

Moralische
Grundbegriffe

Fünfte Auflage

VERLAG C.H.BECK MÜNCHEN

Die Deutsche Bibliothek – CIP-Einheitsaufnahme

Spaemann, Robert:
Moralische Grundbegriffe / Robert Spaemann. –
Orig.-Ausg., 5. Aufl. – München : Beck, 1994
  (Beck'sche Reihe ; 256)
  ISBN 3 406 35302 9
NE: GT

Originalausgabe
ISBN 3 406 35302 9

Fünfte Auflage. 1994
Einbandentwurf: Uwe Göbel, München
© C. H. Beck'sche Verlagsbuchhandlung (Oscar Beck), München 1982
Gesamtherstellung: Appl, Wemding
Gedruckt auf säurefreiem, aus chlorfrei gebleichtem
Zellstoff hergestelltem Papier
Printed in Germany

Inhalt

Vorwort

Das Moralische versteht sich von selbst, so heißt es. Wenn es so ist, dann ist jedes Wort darüber zuviel. Was sich von selbst versteht, kann man nicht durch etwas anderes erklären, was noch besser verständlich wäre, auch nicht durch Analogien aus dem Tierreich. Schließlich verstehen wir Graugänse nur, weil wir uns selbst kennen und nicht umgekehrt.

Auf das Selbstverständliche kann man nur hinweisen, man kann es nicht eigentlich sagen. Darum schrieb Ludwig Wittgenstein: „Es ist klar, daß sich die Ethik nicht aussprechen läßt." Platon schon wußte, daß man „mit schulmäßigen Worten" nicht sagen kann, was das Wort „gut" bedeutet. „Nur nach häufiger familiärer Unterredung gerade über diesen Gegenstand sowie aus innigem Zusammenleben entspringt plötzlich jene Idee in der Seele wie aus einem Feuerfunken das angezündete Licht und bricht sich dann selbst weiter seine Bahn." (7. Brief)

Wenn dennoch vom Selbstverständlichen immer wieder die Rede sein muß, so nur deshalb, weil es immer wieder bestritten wird. Tatsächlich tritt es ja nie in Reinform auf. Alles reale, in einer Gesellschaft geltende Ethos ist nicht schlechthin selbstverständlich. Es trägt Spuren von Unwissenheit, Verdrängung, Unterdrückung. Und so gibt es auch gegenüber jedem herrschenden Ethos die Möglichkeit, es nur für das Ethos der Herrschenden auszugeben, den Mißbrauch des Wortes „gut" für seinen eigentlichen und einzigen Gebrauch, das Selbstverständliche für ein Selbstmißverständnis. Daß das falsch ist, kann man leicht zeigen. Aber um es zu zeigen, muß man nun eben doch über das Selbstverständliche sprechen.

Rousseau hat das Dilemma begriffen: „Ich würde mir nicht anmaßen, die Leute zu belehren, wenn andere sie nicht irreführten." Die Belehrung kann auf verschiedenen Ebenen erfolgen. Auf der grundsätzlichsten Ebene kann man versuchen, das, was wir als sittliche Verpflichtungen, als Tugenden, Normen oder Werte kennen, auf eine gemeinsame Wurzel zurückzuführen und in der Herleitung von dieser Wurzel in einen systematischen Zusammenhang zu bringen – das traditionelle Geschäft philosophischer Ethik. Auf der Ebene der Anwendung kann man Einzelfragen erörtern: Lüge, Sterbehilfe, Abtreibung, Kriegsdienst, Fragen der Sexualität und des Umgangs mit der Natur usw. Bis zu Kant haben es Philosophen und Theologen nicht für unter ihrer Würde gehalten, auch solche kasuistischen Fragen zu erörtern. Ethik ist nicht so interessant, daß es sich lohnen würde, sich mit ihr auch dann zu befassen, wenn man über Leerformeln doch nicht hinauskäme und für sein Handeln unbelehrt bliebe.

Die acht Kapitel dieses Büchleins tun weder das eine noch das andere. Sie bewegen sich – zwischen Grundlegungsfragen und Kasuistik – auf einer mittleren Ebene der Abstraktion. Sie erörtern einige jener Grundbegriffe, die wir alle täglich verwenden, wenn wir mit uns selbst oder mit anderen über den moralischen Aspekt unserer Handlungen zu Rate gehen. Ohne terminologischen Aufwand und ohne gelehrte Voraussetzungen wird versucht, das Nachdenken über diese Begriffe anzuleiten.

Es handelte sich ursprünglich um eine Sendereihe des Bayerischen Rundfunks im Januar und Februar 1981. Ich habe den improvisierten Charakter der Sendungen nicht verändert. Mein Wunsch war es, mich ein wenig jener „häufigen familiären Unterredung" anzunähern, von der Platon spricht. Die Wirkung, die er davon erhoffte, kann nur eine indirekte sein. Man kann sie nicht absichtlich herbeiführen wollen.

Robert Spaemann

1
Philosophische Ethik
oder: Sind Gut und Böse relativ?

Die Frage nach der Bedeutung der Worte „gut" und „böse",
„gut" und „schlecht" gehört zu den ältesten Fragen der Philosophie. Aber gehört die Frage nicht auch in andere Fächer?
Geht man nicht zum Arzt, um zu fragen, ob man rauchen
darf? Gibt es nicht Psychologen, die einen bei der Berufswahl
beraten? Und sagt einem nicht der Finanzfachmann: „Es ist
gut, wenn Sie jetzt noch einen Bausparvertrag abschließen;
nächstes Jahr wird es mit der Prämie schlechter, und die
Wartezeit wird länger." Wo taucht da eigentlich das Ethische, das Philosophische auf?

Achten wir einmal darauf, wie in den genannten Zusam-
menhängen das Wort „gut" verwendet wird. Der Arzt sagt:
„Es ist gut, wenn Sie noch einen Tag im Bett bleiben." Genau
genommen müßte er bei der Verwendung des Wortes „gut"
zwei Zusätze machen. Er müßte sagen: „Es ist gut für Sie",
und er müßte dazu noch sagen: „Es ist gut für Sie, falls Sie in
erster Linie gesund werden wollen." Diese Zusätze sind
wichtig, denn falls jemand zum Beispiel für einen bestimmten
Tag einen Raubmord plant, dann wäre es ja zweifellos aufs
Ganze gesehen „besser", wenn er sich eine Lungenentzün-
dung holt, die ihn an seinem Unternehmen hindert. Es kann
aber auch sein, daß wir selbst an einem Tag etwas so Wichtiges und Unaufschiebbares zu tun haben, daß wir deshalb
dem Arzt, der uns Bettruhe verordnet, nicht folgen, sondern

das Risiko eingehen, einen Rückfall in die Grippe zu bekommen. Zu der Frage, ob es „gut" ist, so zu handeln, kann der Arzt als Arzt sich gar nicht äußern. „Gut" – das heißt ja in seinem Sprachgebrauch: „Gut für Sie, wenn es Ihnen in erster Linie um Ihre Gesundheit geht." Dafür ist er zuständig. Ob es mir immer in erster Linie um die Gesundheit gehen sollte, dazu kann er sich als Mensch äußern, nicht aber in seiner speziellen Kompetenz als Arzt.

Und wenn ich das Geld, statt es im Bausparvertrag anzulegen, einfach verjubeln oder aber einem Freund, der es dringend braucht, schenken möchte, dann kann der Finanzberater dazu nichts sagen. Wenn er sagte „gut", dann meinte er: „Gut für Sie, falls es Ihnen in erster Linie darum geht, Ihr Vermögen längerfristig zu vergrößern."

In all diesen Ratschlägen bedeutet also das Wort „gut" soviel wie: „gut für irgend jemanden in einer bestimmten Hinsicht"; und da kann es durchaus sein, daß dasselbe für denselben Menschen in verschiedenen Hinsichten gut und schlecht ist. Zum Beispiel sind viele Überstunden für den Lebensstandard gut, aber für die Gesundheit schlecht. Und es kann sein, daß dasselbe für den einen gut, für den anderen schlecht ist – der Ausbau der Autostraße für den Autofahrer gut, für die Anlieger schlecht usw.

Wir verwenden aber das Wort „gut" noch in einem anderen Sinn, sozusagen in einem „absoluten" Sinn, das heißt ohne Zusatz von „für" und „in einer bestimmten Hinsicht". Diese Bedeutung wird immer dann aktuell, wenn zwischen Interessen oder Gesichtspunkten ein Konflikt auftritt, auch wenn es sich um die Interessen und Gesichtspunkte ein und derselben Person handelt, also zum Beispiel zwischen den Gesichtspunkten des Lebensstandards, der Gesundheit und der Freundschaft. Hier tauchen dann die beiden Fragen auf: Was ist denn eigentlich und wirklich gut für mich? Welches ist die richtige Rangordnung der Gesichtspunkte? Und die andere Frage: Um wessen Interesse, um wessen Gutes soll es denn im Konfliktfall vorrangig gehen? Um es gleich vorweg zu sagen: *Eine* Wahrheit gehört zu den Grundeinsichten der Philosophie aller Zeiten: daß nämlich diese beiden Fragen nicht unabhängig voneinander entscheidbar sind. Aber davon später. Das Nachdenken über diese Fragen jedenfalls nennen wir philosophisch.

Das erste allerdings, was wir uns klarmachen müssen, ist die Berechtigung solcher Fragen. Denn eben diese wird immer wieder bestritten. Man begegnet immer wieder der Behauptung, ethische Fragen seien deshalb sinnlos, weil es auf sie keine Antworten gebe. Ethische Sätze seien nicht wahrheitsfähig. Im Bereich des „gut-für-Hans unter dem Gesichtspunkt der Gesundheit" oder „gut-für-Paul unter dem Gesichtspunkt der Steuerersparnis" ließen sich vernünftige und allgemein gültige Einsichten gewinnen. Aber wo das Wort „gut" in einem absoluten Sinne genommen werde, da würden die Aussagen gerade umgekehrt relativ, abhängig vom Kulturkreis, von der Epoche, der Gesellschaftsschicht und vom Charakter dessen, der diese Worte benutzt. Und diese Meinung kann sich angeblich auf ein reiches Erfahrungsmaterial stützen. Gibt es nicht Kulturen, die Menschenopfer gut heißen? Gibt es nicht Sklavenhaltergesellschaften? Haben nicht die Römer dem Vater das Recht zugebilligt, sein neugeborenes Kind auszusetzen? Die Mohammedaner erlauben die Vielehe. Im christlichen Kulturkreis gibt es nur die Einehe als Institution usw.

Daß die Normensysteme in hohem Maße kulturabhängig sind, ist ein immer wieder vorgebrachter Einwand gegen die Möglichkeit einer philosophischen Ethik, das heißt einer vernünftigen Erörterung der Frage nach der Bedeutung des Wortes „gut" in einem absoluten, einem nicht relativen Sinn.

Aber dieser Einwand verkennt, daß die philosophische Ethik ja nicht auf der Unkenntnis dieser Tatsachen beruht. Ganz im Gegenteil. Das vernünftige Nachdenken über die Frage nach einem allgemein gültigen Guten begann überhaupt erst auf Grund der Entdeckung dieser Tatsache. Im 5. Jahrhundert v. Chr. war sie nämlich bereits hinreichend bekannt. Es häuften sich damals in Griechenland die Reiseberichte, die von den Sitten der umliegenden Völker Phantastisches zu erzählen wußten. Die Griechen aber begnügten sich nun nicht einfach damit, diese Sitten schlicht absurd, verächtlich oder primitiv zu finden, sondern einige unter ihnen, die Philosophen, begannen nach einem Maßstab zu suchen, an dem man verschiedene Lebensweisen und verschiedene Normensysteme messen kann. Vielleicht mit dem Ergebnis, die eine besser als die andere zu finden. Diesen Maßstab nannten sie „Physis"-Natur. An diesem Maßstab gemessen war zum Beispiel die Norm der Skythen-Mädchen, sich eine Brust abzuschneiden, schlechter als die entgegengesetzte Norm, dies nicht zu tun. Nun ist dies ein besonders einfaches und suggestives Beispiel. Der Begriff der Natur war keineswegs geeignet, alle Fragen nach dem richtigen Leben zweifelsfrei zu entscheiden. Für den Augenblick genügt uns die Feststellung, daß die Suche nach einem allgemein gültigen Maßstab für ein gutes und ein schlechtes Leben, für gute und schlechte Handlungen aus der Beobachtung der Verschiedenheit moralischer Normensysteme hervorgeht, und daß deshalb der Hinweis auf die Verschiedenheit nicht schon ein Argument gegen diese Suche ist.

Was aber spricht für diese Suche? Was spricht für die Annahme, daß die Worte „gut" und „böse", „gut" und „schlecht" nicht nur eine absolute, sondern auch eine allgemein-gültige Bedeutung haben? Diese Frage ist falsch gestellt. Es handelt sich nämlich gar nicht um eine Vermutung oder eine Annahme, es handelt sich um eine Gewißheit, die wir alle besitzen, so lange wir nicht ausdrücklich darüber zu reflektieren beginnen. Wenn wir hören, daß Eltern ein kleines Kind, weil es versehentlich ins Bett gemacht hat, grausam mißhandeln, dann urteilen wir nicht, diese Handlung sei eben für die Eltern befriedigend, also „gut", für das Kind dagegen „schlecht" gewesen, sondern wir mißbilligen ganz einfach das Handeln der Eltern, weil wir es in einem absoluten Sinne schlecht finden, wenn Eltern etwas tun, was für ein Kind schlecht ist. Und wenn wir von einer Kultur hören, wo dies der Brauch ist, dann urteilen wir, diese Gesellschaft habe eben einen schlechten Brauch. Und wo ein Mensch sich verhält wie der polnische Pater Maximilian Kolbe, der sich freiwillig für den Tod im Hungerbunker von Auschwitz meldete, um einen Familienvater im Austausch zu retten, da finden wir nicht, daß das eben für den Vater gut und für den Pater schlecht gewesen, absolut gesehen aber gleichgültig sei, sondern wir sehen einen Mann wie diesen als jemanden an, der die Ehre des Menschengeschlechtes gerettet hat, die von seinen Mördern geschunden wurde. Und diese Bewunderung wird zwanglos überall Platz greifen, wo die Geschichte dieses Mannes erzählt wird, bei australischen Pygmäen so gut wie bei uns. Wir brauchen aber gar nicht nach solchen dramatischen und exzeptionellen Fällen Ausschau zu halten. Die Gemeinsamkeiten zwischen den moralischen Vorstellungen in verschiedenen Epochen und Kulturen sind nämlich viel größer, als wir gemeinhin sehen.

Wir unterliegen häufig einfach einer optischen Täuschung. Die Unterschiede fallen uns stärker auf, weil uns die Gemeinsamkeiten selbstverständlich sind. In allen Kulturen gibt es Pflichten der Eltern gegen ihre Kinder, der Kinder gegen die Eltern, überall gilt Dankbarkeit als „gut", überall ist der Geizige verächtlich und der Großherzige geachtet, fast überall gilt Unparteilichkeit als Tugend des Richters und Tapferkeit als Tugend des Kämpfers. Der Einwand, es handele sich hier um triviale Normen, Normen, die zudem leicht aus biologischer und sozialer Nützlichkeit ableitbar sind, ist kein Einwand. Für den, der eine Einsicht besitzt in das, was der Mensch ist, werden zum Menschen gehörige allgemeine moralische Gesetze natürlich trivial sein. Und daß ihre Befolgung für die menschliche Gattung nützlich ist, das ist ebenso trivial. Wie sollte denn für den Menschen eine Norm einsichtig sein, deren Befolgung allgemeinen Schaden herbeiführen würde? Was sollte denn für den Menschen nützlicher sein, als das, was seinem Wesen entspricht? Entscheidend aber ist, daß die biologische oder soziale Nützlichkeit für uns nicht der Grund der Wertschätzung ist, daß die Sittlichkeit, also das sittlich Gute, dadurch nicht definiert wird. Die Handlung von Maximilian Kolbe würden wir auch dann schätzen, wenn der Familienvater am nächsten Tag ums Leben gekommen wäre. Und eine Geste der Freundschaft oder der Dankbarkeit wäre etwas Gutes auch dann, wenn morgen die Welt unterginge. Diese Erfahrung der überwältigenden moralischen Gemeinsamkeiten in den verschiedenen Kulturen einerseits und die Unmittelbarkeit unserer eigenen absoluten Wertschätzung bestimmter Handlungsweisen andererseits ist es, was die theoretische Bemühung rechtfertigt, sich von diesem Gemeinsamen und Unbedingten, diesem Maßstab des richtigen Lebens Rechenschaft zu geben.

Gerade die kulturellen Verschiedenheiten aber sind es, die uns dazu herausfordern, nach einem Maßstab der Beurteilung zu fragen. Gibt es einen solchen Maßstab? Bis jetzt haben wir nur vorläufige Argumente, sozusagen erste Indizien, abgewogen. Wir wollen uns nun einer endgültigeren Beantwortung der Frage dadurch annähern, daß wir zwei extrem entgegengesetzte Standpunkte prüfen, die nur in dem einen

Punkt übereinstimmen, daß sie nämlich jede inhaltliche Allgemeingültigkeit leugnen: also zwei Varianten des ethischen Relativismus. Die erste These lautet etwa: Jeder Mensch sollte der in seiner Gesellschaft herrschenden Moral folgen. Die zweite lautet: Jeder sollte seinem Belieben folgen und tun, wozu er Lust hat. Beide Thesen halten einer vernünftigen Prüfung nicht stand. Betrachten wir zunächst die These: „Jeder sollte der in seiner Gesellschaft herrschenden Moral folgen." Diese Forderung verwickelt sich in drei Widersprüche.

Erstens widerspricht sie sich schon insofern, als der, der sie aufstellt, damit ja gerade wenigstens *eine* allgemeingültige Norm aufstellen will, nämlich die, daß man immer der herrschenden Moral folgen sollte. Nun könnte man einwenden, dabei handle es sich ja nicht um eine inhaltliche Norm, sondern sozusagen um eine Art Über- oder Meta-Norm, die mit den Normen der Moral selbst gar nicht in Konkurrenz treten könne. Aber so einfach ist die Sache nicht. Es kann zum Beispiel ein Bestandteil der herrschenden Moral sein, über die Moralen anderer Gesellschaften schlecht zu denken, und die Menschen zu verurteilen, die diesen anderen Moralen folgen. Wenn ich nun einer solchen in meinem Kulturkreis herrschenden Moral folge, dann muß ich mich an dieser Verurteilung anderer Moralen beteiligen. Vielleicht gehört sogar zur herrschenden Moral einer bestimmten Kultur gerade ein missionarischer Elan, der die Menschen dazu anhält, in andere Kulturen einzudringen und deren Normen zu verändern. In diesem Fall ist es unmöglich, der genannten Regel zu folgen, das heißt zu sagen, alle Menschen sollen der bei ihnen herrschenden Moral folgen. Wenn ich der bei *mir* herrschenden Moral folge, muß ich gerade versuchen, andere Menschen davon abzubringen, nach *ihrer* Moral zu leben. In einer solchen Kultur läßt sich also nach dieser Regel überhaupt nicht leben.

Zweitens: Es gibt gar nicht immer *die* herrschende Moral. Gerade in unserer pluralistischen Gesellschaft konkurrieren verschiedene Moralauffassungen miteinander. Ein Teil der Gesellschaft zum Beispiel verurteilt die Abtreibung als Verbrechen. Ein anderer Teil akzeptiert sie und kämpft sogar gegen Schuldgefühle in diesem Zusammenhang. Das Prinzip, sich der jeweils geltenden Moral anzuschließen, belehrt uns also gar nicht darüber, für welche der geltenden Moralen wir denn optieren sollen.

Drittens: Es gibt Gesellschaften, in denen das Verhalten eines Stifters, eines Propheten, Reformers oder Revolutionärs als vorbildlich gilt – eines Mannes, der sich seinerseits keineswegs der Moral seiner Zeit angepaßt, sondern der diese verändert hat. Nun kann es zwar sein, daß wir seine Maßstäbe für gültig und eine erneute grundsätzliche Änderung nicht für erforderlich halten. Aber dann eben deshalb, weil wir von der inhaltlichen Richtigkeit seiner Weisungen überzeugt sind, und nicht deshalb, weil wir schlechthin Anpassung für das Richtige halten. Denn als vorbildlich gilt uns hier gerade jemand, der sich seinerseits nicht angepaßt hat. Wem also soll sich hier der prinzipielle Anpasser anpassen?

Soviel zur ersten These. Sie verabsolutierte die jeweils herrschende Moral, definierte also die Worte „gut" und „böse" einfach durch diese und verwickelt sich dabei in die genannten Widersprüche.

Die zweite These verurteilt im Gegenteil jede geltende Moral als Repression, als Unterdrückung und verlangt, es solle jeder nach seinem Belieben handeln und nach seiner Façon selig werden. Es ist danach allenfalls Sache des Strafgesetzbuches und der Polizei, gemeinschädliches Verhalten im Interesse der Betroffenen für den Handelnden so nachteilig zu machen, daß er es im eigenen Interesse unterläßt. Die erste These könnte man die autoritäre nennen, diese die anarchistische oder individualistische. Prüfen wir auch sie. Sie erscheint uns auf den ersten Blick unsinniger als die erste, sie steht im unmittelbareren Gegensatz zu unserem moralischen Empfinden. Aber theoretisch ist sie eher schwerer zu widerlegen und zwar deshalb, weil sie häufig den Charakter des konsequenten Amoralismus hat, für den es „gut" und „böse" in einem anderen Sinne als „gut für mich in bestimmter Hinsicht" gar nicht gibt. Einem Menschen dieser Art, der zwischen der Treue einer Mutter zu ihrem Kind, der Tat Maximilian Kolbes, der Tat seiner Henker, der Skrupellosigkeit eines Dealers oder der Geschicklichkeit eines Börsenspekulanten gar keine Wertunterschiede wahrzunehmen vermag, fehlen gewisse fundamentale Erfahrungen und Erfahrungsmöglichkeiten, die durch Argumente nicht ersetzbar sind. Aristoteles schreibt: Leute, die sagen, man dürfe die eigene Mutter töten, haben nicht Argumente, sondern Schläge verdient. Vielleicht könnte man auch sagen, er hätte einen Freund nötig. Aber die Frage ist, ob er der Freundschaft fähig wäre. Die Tatsache, daß er vielleicht auf Argumente nicht hören mag, heißt nicht, daß es keine Argumente gegen ihn gibt.

Genau genommen ist allerdings die These, jeder solle tun, was ihm beliebt, eine Trivialität. Jeder tut sowieso, was ihm beliebt. Wer nach seinem Gewissen handelt, dem beliebt es, nach seinem Gewissen zu handeln. Und wer irgendwelchen moralischen Normen gehorcht, dem beliebt es, eben dies zu tun. Was meint also eigentlich der, der die These „Jeder soll tun, was ihm beliebt" in moral-kritischer Absicht aufstellt? Er geht offenbar davon aus, daß es im Menschen verschiedenartige Antriebe gibt, und er plädiert für die einen und gegen die anderen. Dahinter steht irgendwie die Vorstellung, die einen seien dem Menschen innerlicher, natürlicher als die anderen, die sogenannten moralischen Antriebe. Diese werden dagegen als eine Art Fremdbestimmung, als verinnerlichte Herrschaft verstanden, von der man sich befreien müsse. Aber mit diesem Plädoyer für Selbstbestimmung, also für das Natürliche gegen das Oktroyierte, mündet der antimoralische Protest geradewegs in die Tradition der philosophischen Moral zurück. Denn diese hatte damit begonnen, den verschiedenen gesellschaftlichen Bräuchen gegenüber danach zu fragen, was denn eigentlich das dem Menschen Natürliche sei. Und sie hatte gemeint, frei könne eigentlich nur derjenige heißen, der das tut, was ihm natürlich ist. Aber was ist das?

Wer sagt: „Jeder soll tun, was ihm beliebt", dreht sich im Kreis. Er verkennt die Tatsache, daß der Mensch nicht ein durch Instinkt vorgeprägtes Wesen ist, sondern ein Wesen, das die Maßstäbe seines Handelns erst suchen und finden muß. Schon die Sprache besitzen wir nicht von Natur, wir müssen sie lernen. Das Menschsein macht sich nicht wie das Tiersein von selbst. Das menschliche Leben lebt sich nicht von selbst. Wir müssen, wie die Sprache sagt, unser „Leben führen". Wir haben nämlich konkurrierende Antriebe und Wünsche. Und die Auskunft „Tu was du willst", setzt voraus, daß jemand schon weiß, was er will.

Aber wir kommen gar nicht dazu, einen mit sich selbst übereinstimmenden Willen auszubilden ohne Hinblick auf das, was das Wort „gut" meint. Dieses Wort bezeichnet den Gesichtspunkt, unter dem sich alle anderen Hinsichten ordnen, die uns veranlassen, dieses oder jenes zu wollen. Ohne hier schon zu sagen, worin dieser Gesichtspunkt besteht, können wir doch sagen, worin er nicht besteht. Nicht in der Gesundheit – denn es kann ja gelegentlich gut sein, daß jemand krank ist. Nicht im beruflichen Erfolg – denn es kann manchmal gut sein, daß jemand etwas weniger erfolgreich ist. Nicht im Altruismus – denn es kann manchmal gut sein, auch an sich selbst zu denken. Der englische Philosoph Moore nannte es den „naturalistischen Fehlschluß", das Wort „gut" durch irgendein anderes Wort zu ersetzen, das heißt durch irgendeinen speziellen Gesichtspunkt. Hieße nämlich „gut" zum Beispiel einfach „gesund", dann könnte man gar nicht mehr sagen, daß Gesundheit meistens etwas Gutes ist, weil man damit ja nur sagen würde, daß Gesundheit gesund ist.

Richtig leben, gut leben, heißt zunächst einmal, seine Vorlieben in eine richtige Rangordnung bringen. Die antiken Philosophen glaubten nun, ein Kriterium für die richtige Rangordnung angeben zu können. Richtig ist danach diejenige Rangordnung, bei der der Mensch glücklich und mit sich selbst in Freundschaft lebt. Gerade das nämlich kann er nicht bei jeder beliebigen Rangordnung, so daß der Rat „Tu, was dir beliebt" nicht ausreicht zur Beantwortung der Frage, was mir denn belieben sollte. Sie reicht aber noch aus einem anderen Grunde nicht aus. Es gibt nämlich nicht nur *mein* Belieben, es gibt auch das Belieben der anderen. Jeder sollte tun, was ihm beliebt, ist daher eine zweideutige Regel. Sie kann meinen: jeder soll mit dem Belieben der anderen umgehen, wie es ihm selbst beliebt, friedlich und tolerant oder gewalttätig und intolerant. Sie kann auch meinen, jeder soll das Belieben der anderen respektieren. Eine solche allgemeine Toleranzforderung schränkt aber das eigene Belieben gerade ein. Man muß sich klarmachen, daß Toleranz keineswegs die selbstverständliche Konsequenz des moralischen Relativismus ist, wie es oft behauptet wird. Toleranz gründet vielmehr in einer sehr bestimmten moralischen Überzeugung, und zwar einer Überzeugung, für die Allgemeingültigkeit verlangt wird. Der moralische Relativist kann demgegenüber sagen: „Warum soll ich tolerant sein? Jeder soll nach seiner Moral leben. Meine Moral erlaubt mir Gewalttätigkeit und Intoleranz."

Man muß also schon eine bestimmte Idee von der Würde

jedes Menschen haben, um die Forderung der Toleranz einleuchtend zu finden. Im übrigen aber genügt die Toleranzforderung keineswegs, um die Konflikte zwischen den Wünschen des einen und denen des anderen zu lösen. Manche Wünsche sind einfach miteinander unverträglich. So wie es in mir selbst widerstreitende Wünsche von verschiedenem Rang gibt, so können auch die Wünsche verschiedener Personen von verschiedenem Rang sein. Es ist weder immer gut, den eigenen Wünschen den Vorzug zu geben, noch denen des anderen. Auch hier muß man wissen, welche Wünsche des einen mit welchen Wünschen des anderen konkurrieren. Eine zumutbare Lösung für beide freilich gibt es nur, wenn es einen möglichen gemeinsamen und das heißt, einen wahrheitsfähigen Maßstab für die Beurteilung von Wünschen gibt. Der ethische Relativismus geht von der Beobachtung aus, daß gerade diese Maßstäbe strittig sind. Aber dieses Argument beweist das Gegenteil von dem, was es beweisen will. Denn jedem theoretischen Streit liegt bereits die Idee einer gemeinsamen Wahrheit zugrunde. Wenn jeder seine eigene Wahrheit hätte, gäbe es keinen Streit, es gäbe nur das gegenseitige Sichgeltenlassen bis zum Konfliktfall. Der Konfliktfall aber ließe sich gar nicht durch vernünftiges Nachdenken und vielleicht auch durch Streiten um den richtigen Maßstab lösen, sondern nur durch das physische Recht des Stärkeren, der kurzerhand seinen Willen durchsetzt. Der Fuchs und der Hase streiten nicht miteinander um das richtige Leben. Entweder jeder geht seiner Wege, oder der eine frißt den anderen auf.

Der Streit um „gut" und „böse" beweist, daß die Ethik strittig ist. Er beweist aber eben deshalb auch, daß sie nicht bloß relativ ist, worin auch immer das Gute im einzelnen Falle bestehen mag und wie schwer auch Grenzfälle zu entscheiden sein mögen. Er beweist, daß bestimmte Handlungsweisen besser sind als andere – schlechthin besser, nicht nur besser für irgend jemanden oder besser im Verhältnis zu bestimmten kulturellen Normen. Wir wissen das alle. Die philosophische Ethik hat den Sinn, dieses Wissen zu größerer Klarheit über sich selbst zu bringen und es gegen sophistische Einwände zu verteidigen.

2
Erziehung
oder: Lustprinzip und Realitätsprinzip

Im ersten Kapitel ging es darum, etwas in Erinnerung zu rufen, was wir alle schon wissen: daß es einen Unterschied gibt zwischen besser und schlechter, zwischen gut und böse, einen Unterschied, der nicht nur relativ ist auf die Bedürfnisse einzelner, betroffener Menschen, sondern der eine absolute Wertschätzung ganz unabhängig von der jeweiligen Betroffenheit ausdrückt. Und was wir alle auch immer schon spontan wissen, ist, daß dieser Unterschied, trotz aller geschichtlichen und kulturellen Unterschiede im einzelnen, ein allgemeingültiger ist. Wir können nämlich auch die moralischen Standards verschiedener Kulturen noch einmal miteinander vergleichen. Und dabei sind wir sogar imstande, den Standards anderer ein besseres Prädikat zu geben als denen unserer eigenen Kultur.

Es ging zunächst einmal darum, dieses ursprüngliche Wissen gegen einige skeptische und relativistische Einwände zu verteidigen. Ein genaueres Verständnis dessen, was wir eigentlich meinen, wenn wir vom richtigen und falschen Leben, von gut und schlecht oder von gut und böse sprechen, setzt einige weitere Überlegungen voraus. Mit ihnen wollen wir jetzt beginnen.

Wir sind gewöhnt, sogenannte moralische Fragen mit dem Wort „sollen" zu verknüpfen, mit dem Gedanken an Forderungen oder Gebote. Forderungen richten sich jedoch an unseren Willen. Um etwas zu tun, muß ich es wollen. Wenn wir etwas sollen, dann heißt das, wir sollen es wollen.

„Ich tue, was ich will" ist insofern eine ganz überflüssige Redensart, denn jeder tut, was er will, das haben wir schon in Kapitel 1 gesehen. Die Frage ist nur, warum ich etwas will. Wer dem Arzt gehorcht, der ihm den Genuß von Gebratenem verbietet, tut es, weil er gesund bleiben oder werden will. Sogar wer einem Straßenräuber sein Portemonnaie aushändigt, tut es, weil er sein Leben oder seine Knochen retten will. Wer gar nichts will, an den kann man auch gar keine Forderungen richten. Im krankhaften Zustand der Willenlosigkeit, der Apathie, geht jedes Sollen ins Leere.

Als vor etwa 2500 Jahren das philosophische Nachdenken über Ethik, das heißt über das richtige Leben begann, da stand am Anfang dieser Überlegungen nicht die Frage nach dem, was wir sollen, sondern nach dem, was wir eigentlich und im Grunde wollen. Denn das meiste von dem, was wir wollen, wollen wir eigentlich nicht an sich und um seiner selbst willen, sondern weil wir etwas anderes dadurch zu erreichen streben, wie die Beispiele vom Straßenräuber oder vom Arzt zeigen. Jedes Sollen muß an irgendein schon vorhandenes Wollen anknüpfen, sonst hätten wir gar keinen Grund, uns dieses Sollen zu eigen zu machen. Hätten wir genau verstanden, was wir eigentlich und im Grunde wollen – so überlegten die Griechen – dann wüßten wir auch, was wir sollen und worin das richtige Leben besteht. Dies, was wir eigentlich und im Grunde wollen und weswegen wir alles andere wollen und tun, was wir tun, nannten die Griechen das Gute oder das höchste Gut.

Die Frage „Was ist das höchste Gut?", um die sich die ganze antike Ethik drehte, meinte nicht: „Was ist sittlich gerechtfertigt?", sondern „Was ist eigentlich das letzte Ziel unseres Strebens?" Hätte man dieses erkannt, dann könnte man auch Moralen daraufhin unterscheiden, ob sie natürlich oder unnatürlich und repressiv sind. Natürlich sind sie, wenn sie uns helfen, das, was wir eigentlich und im Grunde wollen, zu erreichen; unnatürlich sind sie, wenn sie das nicht tun. Normensysteme können auf zweierlei Art unnatürlich sein: Entweder sie liefern den Menschen der Fremdbestimmung oder sie liefern ihn der eigenen Willkür aus.

Auch die Fremdbestimmung knüpft ans eigene Wollen an; aber der Machthaber kann die Erreichung unserer Wünsche davon abhängig machen, daß wir zuvor seine Wünsche erfüllen, obgleich diese den unseren eigentlich entgegengesetzt sind, so wie der Räuber, der uns das Leben nur läßt, wenn wir ihm das Portemonnaie geben. In diesem Sinne können moralische Normen, die an sich gar nicht in unserem Interesse sind, uns anerzogen werden, indem wir das, was wir eigentlich wollen, immer nur bekommen, wenn wir diese Normen erfüllen. Solche Moralen sind „verinnerlichte Herrschaft".

Unnatürlich ist aber auch eine Moral, die uns unserer Willkür ausliefert, das heißt unseren augenblicklichen Wünschen und Launen, welche uns das, was wir eigentlich wollen, gerade verfehlen lassen, sei es durch Mangel an Wissen, sei es durch Mangel an Selbstbeherrschung.

Aber gibt es denn überhaupt ein solches Grundwollen des Menschen, an dem wir all seine einzelnen Wünsche und Bestrebungen und auch alle in einer Gesellschaft geltenden Normen messen können? Wenn ja, worin besteht es?

Die früheste Antwort, die auf diese Frage gegeben wurde und die auch heute wieder sehr verbreitet ist, lautet: Was wir eigentlich und im Grunde wollen und weshalb wir alles andere wollen, ist Lustgewinn und Unlustvermeidung, oder auch, einfacher gesprochen: wir wollen uns wohlfühlen. Gut ist, was zur Erreichung dieses Zieles beiträgt; schlecht ist, was ihm Abbruch tut. Wir nennen diese Auffassung „Hedonismus" – vom griechischen Wort hedoné, Lust. Hedonismus ist das erste Ergebnis einer Reflexion auf den Grund unseres Handelns gewesen und damit auch das erste systematische Moralprinzip. Daß es unzureichend ist, werden wir noch sehen. Aber zunächst ist es gut, sich klarzumachen, daß es eine Entdeckung enthält. Nämlich die Entdeckung, von der ich zu Beginn sprach: ehe wir etwas sollen, müssen wir etwas wollen. Um etwas zu tun, was an sich gut ist, muß es auch in irgendeinem Sinne für mich gut sein, denn es muß für mich zum Motiv werden können, und ich muß darin auf irgendeine Weise eine Befriedigung finden, sonst würde ich es gar nicht wollen können.

Der Hedonismus interpretiert jedoch diese seine Entdeckung sogleich falsch. Aus der Tatsache, daß jede Erreichung eines Willenszieles mit irgendeiner Befriedigung verbunden ist, schließt er, diese Befriedigung sei das eigentliche Handlungsziel. Alles andere werde nur um dieses Zieles willen gewollt. Diese Behauptung aber entbehrt jeder Begründung. Natürlich macht es mir Freude, wenn es mir gelungen ist, einem Menschen das Leben zu retten, oder auch jemandem, der mir geholfen hat, meine Dankbarkeit zu zeigen, indem ich ihm eine Freude mache. Aber es ist doch ganz künstlich zu sagen, ich hätte das nur getan, um selbst eine Befriedigung zu haben. Das ist vielmehr eine nachträgliche Umdeutung durch einen äußeren Betrachter oder durch eine Reflexion, in der wir uns selbst sozusagen zu Zuschauern unseres eigenen Wollens machen, statt einfach etwas zu wollen und zu tun.

Die philosophischen Hedonisten unterlagen allerdings nicht immer diesem Irrtum. Manche von ihnen, wie zum Beispiel Epikur, wußten sehr wohl, daß es den Menschen im allgemeinen nicht um ihre eigenen Lustzustände geht, sondern um vielerlei Dinge des Lebens, wichtige und unwichtige, gute und schlechte. Er hielt das jedoch für einen Zustand der

Selbstentfremdung des Menschen und außerdem für einen Zustand, in dem die Menschen sich dauernd unglücklich machen, weil sie immer wieder die Dinge nicht erreichen, die sie erreichen wollen. Er behauptete deshalb nicht, alle Menschen seien Hedonisten, sondern er empfahl, sie sollten es werden. Sie sollten lernen, daß das höchste Gut nicht in Dingen oder Menschen besteht, sondern nur in dem Vergnügen, das wir an Dingen und Menschen finden.

Wir können zwei Varianten dieses Hedonismus unterscheiden. Eine positive und eine negative. Eine, der es hauptsächlich um Lust-Maximierung, und eine andere, der es mehr um Unlust-Vermeidung geht. Die erste ist oft den herrschenden Klassen einer Gesellschaft eigen, die es sich leisten können, ihre Begierden zu vergrößern, weil sie die Mittel zu ihrer Befriedigung zu haben glauben. Die andere Variante ist eher asketisch. Sie hält die Begierden klein, um die möglichen Frustrationen von vornherein gering zu halten. Das letztere war die Position Epikurs. Sie verbindet sich meistens mit der Sorge um die Gesundheit. Langfristiger Lustgewinn setzt ja Gesundheit voraus.

Noch eine dritte Überlegung kommt hinzu. Der Grad des Glücksgefühls hängt nicht zuletzt ab vom Erwartungshorizont. Wer sich an die Befriedigung vieler und differenzierter Bedürfnisse gewöhnt hat, zieht daraus auf die Länge nicht mehr Vergnügen als der, der bescheidene Bedürfnisse besitzt. Aber seine Vergnügen sind schwieriger zu erreichen. Ihre Vorbereitung verbraucht mehr Lebenszeit, wovon ein Reicher auch nicht mehr zur Verfügung hat. Und sie sind gefährdeter. Deshalb ist es nach Ansicht Epikurs vernünftig, seine Begierden gering zu halten.

Schließlich gehören für Epikur auch Tugend, Wohlwollen, Freundschaft, Freigebigkeit zum guten Leben, weil diese Eigenschaften dem, der sie besitzt, eine Quelle der Freude sind. Der Satz Jesu ‚Geben ist seliger als nehmen‘ kann auch hedonistisch begründet werden. Der Hedonismus enthält wichtige Einsichten, die zur Lebenskunst gehören. Aber er verdirbt diese Einsichten gleich wieder, weil, wie wir noch sehen werden, die Konzentration auf den eigenen Lustgewinn dem wirklichen Glück gerade im Wege steht.

Zunächst aber gilt es, sich folgendes klarzumachen: sogar dann, wenn wir davon ausgehen, der Mensch strebe zuerst und vor allem nach Lustgewinn, tritt diesem Streben doch sehr früh in der Entwicklung jedes Menschen ein anderes Streben zur Seite, das Streben nach Selbsterhaltung. Beim Tier verknüpft der Instinkt die Selbsterhaltung und Arterhaltung unmittelbar mit dem Trieb nach Befriedigung, nach Beseitigung von Unlustzuständen. Unter natürlichen Umweltbedingungen schmeckt dem Tier gerade das, was seiner Selbsterhaltung förderlich ist. Und an die Arterhaltung braucht es auch nicht zu denken. Sie besorgt sich selbst über die Befriedigung des Geschlechtstriebes. Auch der Mensch ist mit Hunger, Durst und Geschlechtstrieb ausgestattet. Aber er kann, indem er ausdrücklich auf die Befriedigung des Triebes reflektiert, diesen von seinem Naturzweck der Selbst- oder Arterhaltung abkoppeln. Die Welt tritt uns nicht in einer durch Instinkt bereits zur artgemäßen Umwelt aufbereiteten Weise gegenüber, sondern als offenes Reich unendlicher Befriedigungsmöglichkeiten und allerdings auch unendlicher Bedrohungen – denn nicht jeden unserer Wünsche können wir uns straflos erfüllen.

Sigmund Freud hat deshalb die frühkindliche Entwicklung mit Hilfe der beiden Begriffe Lustprinzip und Realitätsprinzip beschrieben. Er sah es so: Das Kind ist zunächst mit nichts ausgestattet als mit einer unbestimmten Libido, einem Streben nach Lust, nach körperlicher Berührung und Vereinigung. Das Kind erfährt nun aber die Realität als eine solche, die diesem Streben nicht beliebig, automatisch und grenzenlos entgegenkommt. Die Realität richtet sich nicht nach uns. Wir müssen uns nach ihr richten. Wir müssen also auf einen Teil unserer Wünsche verzichten, um einen anderen Teil erfüllen zu können, ja, um uns überhaupt am Dasein zu erhalten. Freud sah im Realitätsprinzip den Ursprung der Vernunft. In einem Schlaraffenland, wo jeder Wunsch ohne Anstrengung sofort in Erfüllung ginge und wir keinen von uns unabhängigen Bedingungen Rechnung tragen müßten, würde sich so etwas wie Vernunft gar nicht entwickeln. Freud sah nun das ganze menschliche Leben als einen solchen Kompromiß an – und zwar um der Selbsterhaltung willen – zwischen dem, was wir eigentlich wollen – nämlich schrankenlose Erfüllung der Libido – und der Anpassung an die Realität, die sich dieser Erfüllung widersetzt. Der Mensch ist in dieser Sicht sozusagen ein verhinderter Hedonist. Darin liegt der Grund für alle Neurosen, aber auch für alle höheren Kulturleistungen, die der sogenannten Sublimierung der primären Triebe entspringen.

Freud entdeckte bis dahin verborgene Phänomene. Aber hat er sie richtig gedeutet? Um diese Frage zu beantworten, machen wir folgendes Gedankenexperiment: Stellen wir uns einen Menschen vor, der in einem Operationssaal auf einem Tisch festgeschnallt ist. Er steht unter Narkose. In seine Schädeldecke sind einige Drähte eingeführt. Durch diese Drähte werden genau dosierte Stromstöße in bestimmte Gehirnzentren geleitet, die dazu führen, daß dieser Mensch sich in einer Dauereuphorie befindet. Sein Gesicht spiegelt den Zustand äußersten Wohlbehagens. Der Arzt, der das Experiment leitet, erklärt uns, daß dieser Mensch mindestens weitere 10 Jahre in diesem Zustand bleiben wird. Wenn es nicht mehr möglich sein wird, den Zustand zu verlängern, werde man ihn mit dem Abschalten der Maschine unverzüglich schmerzlos sterben lassen. Der Arzt bietet uns an, uns sofort in die gleiche Lage zu versetzen. Und nun frage sich jeder, ob er freudig bereit wäre, sich in diese Art von Seligkeit versetzen zu lassen?

Was folgt aus unserer Abneigung, uns auf ein solches Angebot einzulassen? Es folgt, daß das, was wir eigentlich und im Grunde wollen, gar nicht Lustgewinn ist. Denn der Mann auf dem Tisch genießt offensichtlich die höchsten Lustgefühle. Und doch wollen wir nicht mit ihm tauschen. Wir wollen lieber unser mittelmäßiges Leben fortsetzen. Warum wollen wir nicht tauschen? Weil der Mann sich außerhalb des wirklichen Lebens, außerhalb der Realität befindet. Er merkt es zwar gar nicht; sein Traum ist vielleicht bevölkert mit den liebenswürdigsten Menschen. Aber die mittelmäßigen und dafür realen Menschen sind uns doch lieber. Es stimmt gar nicht, daß Realität für uns in erster Linie das Widrige, das Widerständige ist, dem wir uns notgedrungen anpassen müssen. Sie ist nämlich gleichzeitig das, was wir um keinen Preis missen möchten. Innerhalb der Realität sind Lust und Schmerz gemischt. Der Schmerz, wo er nicht übermäßig wird, hat dabei eine wichtige Funktion. Er zeigt uns nämlich Gefährdungen des Lebens an. Er steht im Dienste der Selbsterhaltung. Das Selbsterhaltungsstreben schränkt in der Tat das Luststreben ein. Aber nicht im Sinne eines faulen Kompromisses; denn Lustgewinn ist offensichtlich gar nicht die Hauptsache, die wir eigentlich und im Grunde wollen, sondern ist nur eine erwünschte Begleiterscheinung. Die Realitätserfahrung dagegen, weit entfernt, das Hindernis unserer Lebenserfüllung zu sein, ist vielmehr deren eigentlicher Inhalt. Und die Tatsache, daß immer unsere Selbsterhaltung auf dem Spiel steht – sogar mit der Gewißheit tödlichen Ausgangs am Ende – bringt, so merkwürdig es klingt, überhaupt erst Sinn in unser Leben.

Machen wir noch einmal ein Gedankenexperiment. Stellen wir uns vor, wir erführen in diesem Augenblick, daß wir nie sterben würden. Wir werden nicht, wie es der christliche Glaube lehrt, nach dem Tode in eine höhere Seinsweise eintreten, sondern so, wie wir jetzt sind, werden wir immer weiterleben, und das schmerzlos und ohne zu altern. Wer genügend Phantasie hat, sich vorzustellen, was das bedeutet, wird schnell begreifen, daß das eine Katastrophe wäre. Manch einer möchte wohl gerne 200 Jahre leben. Aber endlos – das würde jeden Augenblick, jede Freude, jede menschliche Begegnung zur Bedeutungslosigkeit herabsinken lassen. Alles, was wir jetzt tun, könnten wir ja ebenso gut morgen oder übermorgen tun. Alles würde ganz gleichgültig. Der Augenblick gewinnt ja seine Kostbarkeit dadurch, daß er als dieser Augenblick im Leben nie wiederkehrt. In einem endlosen Leben gäbe es nichts Kostbares. So ergibt sich die paradoxe Sachlage: Ohne Sorge um das vom Ende bedrohte Leben gibt es kein erfülltes Dasein.

Selbsterhaltung ist dennoch nicht, so wenig wie Lustgewinn, der eigentliche Sinn des Lebens, denn dann müßten wir ja wünschen, endlos zu leben, und ein solches Leben wäre wiederum nicht wünschenswert. Im übrigen wollen wir ja nicht Selbsterhaltung um jeden Preis. So wenig wie Lustgewinn um jeden Preis. Jemand kann sein Leben für einen anderen Menschen opfern. Jemand kann, wie es bei Brecht heißt, „sein schlechtes Leben mehr fürchten als den Tod". Es gab in der Geschichte neben hedonistischen Moralen – und als Reaktion auf diese – Moralen der Selbsterhaltung, Normensysteme, die alles dem Erhaltungsgesichtspunkt unterordneten, sei es dem der individuellen Selbsterhaltung oder dem der Erhaltung eines sozialen Systems.

Da dieser Gesichtspunkt ganz außer Betracht läßt, *was* denn hier erhalten werden soll, da er die Frage nach dem lebenswerten Leben der Frage nach den Erhaltungsbedingungen des Lebens opfert, finden wir auch in solchen Moralen nicht die volle Bedeutung dessen ausgedrückt, was das Wort „gut" meint. Der Gesichtspunkt der Lebenserfüllung und der der Lebenserhaltung dürfen nicht voneinander getrennt werden. Das gilt auch für den politischen Raum. Wo eine Gesellschaft die Freiheitsrechte und die subjektiven Befriedigungen der Bürger schrankenlos und ohne Rücksicht auf die Erhaltungs- und Sicherheitsbedingungen ausbaut, da wird es vermutlich mit Freiheit und Wohlfahrt bald zu Ende sein. Wo aber umgekehrt die Sicherung eines freiheitlichen Systems so perfektioniert wird, daß alles der Erhaltung untergeordnet wird, da wird gerade das geopfert, was erhalten werden soll und was das System erhaltenswert macht. Es handelt sich hier sozusagen um die linke und rechte Variante der Möglichkeit, das gute Leben zu zerstören.

Im übrigen erhält sich jedes System nur durch bestimmte Veränderungen, durch Anpassungsleistungen an die Umwelt. Wo das System zu starr ist, geht es zugrunde. Wo es die Anpassung und Veränderung zu weit treibt, verliert es seine Identität und geht auch zugrunde. Es ist eben dann nicht mehr dasselbe wie zuvor. Die Fixierung auf Selbsterhaltung, sei es durch starres Festhalten, sei es durch übertriebene Anpassung, verhindert das gelungene Leben. Es gibt eine Dialektik von Erhaltung und Erfüllung. Und es ist eine Frage des Charakters, ob jemand stärker der einen oder der anderen Seite sich zuneigt. Ob für ihn die Angst, etwas zu versäumen, oder die Angst, etwas zu verlieren, charakteristischer ist. Die politische Linke und die politische Rechte lassen sich, wie gesagt, typologisch diesen beiden Ängsten und Tendenzen zuordnen, dem Lustprinzip und dem Realitätsprinzip, dem Prinzip der Erfüllung und dem der Erhaltung.

Vor einem Jahrzehnt hat der damalige geistige Mentor der

linken Bewegung, Herbert Marcuse, die These vertreten, angesichts der möglich gewordenen Überflußgesellschaft könne die Herrschaft des Realitätsprinzips, die Freud noch für unvermeidlich hielt, gelockert werden. „Die Phantasie an die Macht", stand 1968 – ganz im Sinne von Herbert Marcuse – an den Wänden der Pariser Sorbonne. Für die, welche sich dieser Hoffnung hingaben, mußte die Ölkrise und alles, was darauf folgte, eine gewaltige Enttäuschung sein. Aber Enttäuschungen sind immer gut, weil Täuschungen immer schlecht sind. Nur wer den Menschen als ein Wesen ansieht, dem es letzten Endes und im Grunde nur um Maximierung subjektiver Lustzustände geht, muß Realität als etwas Feindliches ansehen. Wer verstanden hat, daß wir gerade Realität – Wirklichkeit – wollen, daß wir in dem Erlebnis der Realität und in der aktiven Auseinandersetzung mit ihr zu uns selbst kommen, der wird es anders sehen. Der wird verstehen, daß das Gute etwas damit zu tun hat, Wirklichkeit zu erfahren und der Wirklichkeit gerecht zu werden.

Dieses Kapitel ist überschrieben „Erziehung oder: Lustprinzip und Realitätsprinzip". Das Wort ‚Erziehung' ist bisher gar nicht gefallen. Und doch war die ganze Zeit davon die Rede. Am Anfang aller Ethik, aller bewußten Fragen nach dem richtigen Leben, steht der Prozeß, in dem das Kind aus der Befangenheit in seine subjektive Empfindungswelt behutsam und zielstrebig an die Realität herangeführt wird, an die Wirklichkeit, die ohne uns ist, wie sie ist. Rousseau empfahl einmal, Mütter sollten, wenn das Kind auf ihrem Arm die Hand nach einem Apfel ausstreckt, nicht den Apfel heranholen, sondern das Kind zum Apfel tragen. So lerne das Kind, daß die Dinge sich nicht befehlen lassen und daß wir selbst uns bewegen müssen. Und Matthias Claudius schreibt an seinen Sohn Johannes: „Die Wahrheit, mein lieber Sohn, richtet sich nicht nach uns, wir müssen uns nach ihr richten."

Es kommt darauf an zu sehen, daß das nicht *leider* so ist, sondern *zum Glück*. Denn nur an einer Wirklichkeit, die uns Widerstand leistet, können wir unsere Kräfte entwickeln. Jede tiefere Freude im Leben aber hängt mit der Entwicklung von Kräften und Fähigkeiten zusammen. Der Erzieher hat die Aufgabe, das Kind an die eigenständige und widerständige Wirklichkeit heranzuführen. Die Mutter ist im allgemeinen die erste eigenständige Wirklichkeit, der das Kind begegnet. Und so ist dafür gesorgt, daß die Wirklichkeit zunächst als hilfreich und freundlich erfahren wird. Die Stiftung dieser Grunderfahrung – die Psychologie spricht vom „Urvertrauen" – ist das Wichtigste, was Erziehung überhaupt zu leisten hat. Denn wer auf die Erinnerung an eine heile Welt zurückgreifen kann, wird leichter mit der unheilen fertig.

Wirklichkeit ist wichtig

3
Bildung
oder: Eigeninteresse und Wertgefühl

Was wollen wir eigentlich und im Grunde? – so lautete die Frage des letzten Kapitels, mit der wir an die Fragestellung der klassischen Tradition der Philosophie anknüpften. Wir erörterten die Antwort, die sich nahelegt, wenn ein Ganzes von ethischen Normen zum ersten Mal seine unmittelbare und selbstverständliche Geltung einbüßt: die Antwort des Hedonismus. Sie lautet: Was wir eigentlich und im Grunde wollen, ist Lustgewinn, Wohlbefinden. Wir haben die Grenze dieser Antwort erkannt und gesehen, daß wir im allgemeinen noch etwas anderes wollen, nämlich Selbsterhaltung. Das Lustprinzip findet seine Einschränkung im Realitätsprinzip, sagt Freud; aber wir haben gesehen, daß auch Freuds Lehre vom Menschen als verhindertem Hedonisten, der sich wohl oder übel einer widrigen Realität anpassen muß, wenn er überleben will, die Sache nicht trifft. Wir *wollen* nämlich Realität. Wir wollen, wenn wir nicht gerade krank oder süchtig sind, keine illusionäre Euphorie, sondern ein Glück, das auf Kontakt mit der Wirklichkeit beruht.

Wir gehen nun in unseren Überlegungen über das, was ein Leben zum guten Leben macht, einen Schritt weiter. Lustgewinn und Selbsterhaltung sind nämlich in Wirklichkeit zwei Abstraktionen, die für sich genommen oder auch in ihrer Beziehung zueinander noch nicht angemessen beschreiben, worum es uns tatsächlich letzten Endes geht.

In einem platonischen Dialog antwortet Sokrates seinem Gesprächspartner, der behauptet, Lustgewinn sei das einzig erstrebenswerte Ziel: Dann ist ja wohl derjenige am glücklichsten, der immer die Krätze hat und sich immer kratzen kann. Der Gesprächspartner ist ärgerlich über diese Geschmacklosigkeit. Schließlich gibt es doch höhere Arten von Lust, als die, sich zu kratzen. Was unterscheidet denn die höheren Arten der Lust von den niederen?

Schon der Sprachgebrauch unterscheidet sie. Wir sprechen mit Bezug darauf meistens nicht von Lust, sondern von Freude. Das Merkwürdige ist, daß wir trotz körperlicher Lustzustände gleichzeitig in einer depressiven Grundstimmung sein können, und daß wir umgekehrt in einer intensiven Freude leben können bei gleichzeitigem physischen Schmerz, vorausgesetzt, daß der Schmerz nicht so intensiv ist, daß er unsere ganze Aufmerksamkeit absorbiert. Auch ist niemand im Zweifel, welche Art von Wohlbefinden ihm im Zweifelsfall wichtiger ist; denn der Depressive hat ja nichts vom Lustgewinn; aber wer sich freut, – freut sich. Hier hat es keinen Sinn zu fragen, „was er von der Freude hat". Von der Freude hat man nämlich nichts, sondern etwas von etwas haben, das heißt eben: sich darüber freuen. Mehr als Freude kann man nicht von etwas haben. Nun sagen wir aber nicht von ungefähr, daß wir uns *an* etwas oder *über* etwas freuen. Lustgefühle werden durch etwas *verursacht,* Freude aber hat einen *Gegenstand* oder einen *Inhalt,* und genau genommen gibt es so viel Freuden, wie es Inhalte der Freude gibt: Die Freude an den Rolling Stones ist eine andere als die an den Beatles; die an Beethovens Hammerklavier-Sonate eine andere als die an der Waldstein-Sonate; die Freude an der Gegenwart des einen Freundes ist eine andere als die an der Gegenwart des anderen, und so weiter.

Die Inhalte oder Gegenstände gerichteter Gefühle nennen

wir „Werte". Der Wertgehalt der Wirklichkeit erschließt sich uns in Akten der Freude und Trauer, der Verehrung, der Verachtung, der Liebe, des Hasses, der Furcht und der Hoffnung. Das Paradoxe liegt darin: Derjenige, der Lustgewinn, subjektives Wohlbefinden zum Thema seines Lebens und zum Ziel seiner Handlungen macht, wird jene tiefere Weise des Wohlbefindens, die wir Freude nennen, gar nicht erfahren. Sie erfährt nur der, dem sich der Wertgehalt der Wirklichkeit in seinem Reichtum erschließt und der imstande ist, von sich selbst abzusehen und sich, wie wir sagen, *an etwas* oder *über etwas* zu freuen.

Solche Wertgehalte sind uns nicht sämtlich von Anfang an zugänglich. Sie erschließen sich erst allmählich und nur in dem Maße, wie jemand lernt, seine Interessen objektiv zu machen. Man muß *lernen*, gute Musik zu hören und sie zu verstehen, um die Freude daran erfahren zu können; man muß *lernen*, aufmerksam einen Text zu lesen, andere Menschen zu verstehen, ja sogar verschiedene Weine voneinander zu unterscheiden. Auch das Vergnügen des Weinkenners, von dem sich der Nichtkenner keine Vorstellung machen kann, setzt einen Bildungsprozeß des Geschmacks voraus.

„Bildung" nennen wir die Herausführung des Menschen aus der animalischen Befangenheit in sich selbst, die Objektivierung und Differenzierung seiner Interessen und damit die Steigerung seiner Fähigkeit zur Freude und zum Schmerz. Man hört heute oft, Erziehung habe die Aufgabe, junge Menschen zu lehren, ihre Interessen zu vertreten. Es gibt aber eine viel grundlegendere Aufgabe, nämlich die, Menschen zu lehren, Interessen zu *haben*, sich, wie wir sagen, „für etwas zu interessieren". Denn wer nur gelernt hat, seine Interessen zu vertreten, sich aber eigentlich für nichts von ihm selbst Unterschiedenes interessiert, der kann kein glücklicher

Mensch sein. Darum ist Bildung, Herausbildung objektiver Interessen, Wahrnehmung des Wertgehaltes der Wirklichkeit, ein wesentliches Element des gelungenen Lebens.

Es gehört nun zur Eigentümlichkeit der Wertwahrnehmung, daß wir nicht jeden einzelnen Wert isoliert wahrnehmen, sondern in Akten des Vorziehens und Nachsetzens. Es gibt so etwas wie eine objektive Wertrangordnung, die sich dem erschließt, der bestimmte Werte überhaupt auffaßt. Wer weder zu Bach noch zu Telemann ein Verhältnis hat, wird vielleicht die Meinung vertreten, es sei eine Sache des Beliebens, welchen von beiden Komponisten man höher schätze. Wer wirklich beide kennt, kann so etwas gar nicht mehr denken. Er wird Bach sogar dann für den Größeren halten, wenn er persönlich eine spezielle Vorliebe für Telemann hat.

Erst recht gilt eine solche Rangordnung, wo es sich um verschiedene Klassen von Werten handelt. Niemand kann den Wert der Tapferkeit im Festhalten an einer gerechten Sache überhaupt sehen und dann gleichzeitig finden, der zweifellos ebenfalls existierende Wert der Genußfähigkeit sei dem der Tapferkeit gleichwertig. Das wäre nämlich ein Widerspruch. Der Tapfere ist ja der, der das Festhalten an einer gerechten Sache dem ungestörten Genuß vorzieht. Wenn der Genuß dieser gerechten Sache gleichwertig wäre, dann wäre der Tapfere einfach unvernünftig; die Tapferkeit hätte überhaupt keinen Wert. Man kann ihr entweder gar keinen Wert zuerkennen, oder man muß ihr einen höheren Wert als dem Genuß zuerkennen. Höhere Werte kann man nur entweder überhaupt nicht wahrnehmen oder man nimmt zugleich auch ihren höheren Rang wahr. Bildung des Wertgefühls, des Gefühls für Wertrangordnungen, der Fähigkeit, Wichtiges von weniger Wichtigem zu unterscheiden, ist eine Bedingung für das Gelingen des individuellen Lebens und eine Bedingung für die Kommunikation mit anderen.

Individuelles Leben besteht aus einer Folge von Zuständen in der Zeit. Wenn das Leben gelingen soll, dürfen diese Zustände nicht wie beim Schizophrenen auseinanderfallen. Glück heißt: Einklang, Freundschaft mit sich selbst. Und das setzt voraus: Ich muß kontinuierlich wollen können. Ich muß heute etwas beginnen können im Wissen, daß ich es, wenn nichts Unvorhergesehenes dazwischenkommt, morgen fortsetze. Und es muß mir heute noch plausibel sein, was ich gestern gut gefunden habe. Wo unsere Zustände und Handlungen nur die Funktion zufälliger äußerer Reize und innerer Stimmungen sind, wo sie nicht gründen in der Einsicht in eine objektive Rangordnung, da fehlt uns die Basis, auf der wir zur Einheit, zur Übereinstimmung mit uns selbst gelangen können. In diesem Falle gibt es aber auch keinen Einklang mit anderen. Wo subjektive Interessen bloß egoistisch und bloß in der Natur der jeweiligen Subjekte begründet sind, da kann man sie gar nicht miteinander in Einklang bringen. Wo sich jeder darauf versteift, daß er dieses oder jenes will, und wo es keine gemeinsamen Maßstäbe gibt, um Interessen in eine Rangordnung, eine Ordnung nach Rang und Dringlichkeit zu bringen, da können Interessengegensätze nicht überbrückt werden. Auch der Diskurs, das Gespräch, die Diskussion kann entgegen einer heute verbreiteten Meinung solche Gegensätze nicht überbrücken. Die Gesprächsteilnehmer wären ja unfähig, ihre Interessen nach objektiven Gesichtspunkten zu ordnen und zu relativieren. Sie würden immer nur wie kleine Kinder sagen: „Ich will aber das!"

Nun finden in Wirklichkeit tagaus, tagein unzählige Einigungen statt, und sie finden statt auf Grund der Tatsache, daß die Gesprächsteilnehmer über gewisse gemeinsame Einsichten verfügen, Einsichten in den Rang und das Gewicht der zur Diskussion stehenden Interessen. Und daß sie nicht nur die Frage stellen, *wessen* Interesse hier auf dem Spiel steht, sondern zum Glück auch die Frage: *welches* Interesse. Wenn zum Beispiel Interessen von Rauchern und Nichtrauchern in gemeinsamen Räumen kollidieren und wenn der Konflikt zugunsten der Nichtraucher entschieden wird, dann ja nicht deshalb, weil die Nichtraucher die besseren Menschen sind, was die Raucher mit Recht bestreiten würden, sondern weil der Wert, auf den sich die Nichtraucher beziehen, den Vorrang hat vor dem Rauchgenuß. Und diesem Urteil kann sich sogar ein Raucher unterwerfen – obgleich es ihm unangenehm ist –, aus dem einfachen Grunde, weil er es einsieht.

Wer sich einer solchen Werteinsicht zu unterwerfen imstande ist, die seiner unmittelbaren Befriedigung zuwiderläuft, der ist fähig zu dem, was wir eine sittliche Handlungsweise nennen. Die Fähigkeit, Werteinsichten zu gewinnen, wächst mit der Bereitschaft, sich ihnen zu unterwerfen, und sie schwächt sich ab, wo diese Bereitschaft nicht vorhanden ist. Gewonnen werden Werteinsichten nicht in erster Linie durch Diskurse, durch Belehrung, sondern durch Erfahrung und Einübung. Wer zum ersten Mal durch eine Ausstellung moderner Kunst geht, der wird vielleicht schnell pauschale Urteile fällen. Wirkliche Rangunterschiede zwischen den einzelnen Werken wird er erst entdecken, wenn er die Sprache dieser Kunst gelernt, das heißt, wenn er viele Beispiele gesehen hat. Auch unter in diesem Sinne Gebildeten gibt es dann immer noch Streit über Rangfragen, aber dieser Streit ist weniger grundsätzlich.

Es gibt heute in der Literaturwissenschaft eine Tendenz, Fragen der Wertung überhaupt beiseite zu tun, und Shakespeares ‚König Lear‘ auf einer Stufe mit einem Groschenroman abzuhandeln. Das mag dort berechtigt sein, wo man an beide Texte ganz bestimmte, spezialistische, formale Fragen richtet, zum Beispiel linguistische Fragen, Fragen nach der grammatischen Struktur oder nach der statistischen Häufigkeit bestimmter Vokabeln. Da macht es dann keinen Unterschied, ob der, der sie beantwortet, gebildet ist oder nicht. Wo es aber um Auswahlkriterien von Texten für die Schule geht oder auch für die eigene Lektüre, da kommt es sehr wohl auf Wertmaßstäbe an. Schließlich steht ja die Lektüre nicht im Dienst der Wissenschaft, sondern die Wissenschaft im Dienst der Lektüre. Dichter und Schriftsteller schreiben nicht für die Wissenschaft, sondern für Leser. Wer nun sagt, es gäbe keine Kriterien der Rangordnung, der irrt. Es gibt nämlich ein sehr präzises Kriterium, und das ist die Intensität der Freude, die sich zum Beispiel bei der Lektüre bestimmter Bücher einstellt. Es kann sein, daß jemand keine Freude an Shakespeare hat, sondern nur an Kriminalromanen. Der kann natürlich nicht mitreden. Ebenso wenig ein anderer, der noch nie mit Vergnügen einen Kriminalroman gelesen hat. Aber jeder, der sowohl an Kriminalromanen als auch an Shakespeare Freude hat, der hat die Erfahrung gemacht, daß die eine Freude von größerer Intensität, Tiefe, Dauer und Wiederholbarkeit ist als die andere, obgleich sie zugleich anspruchsvoller ist, weniger aufdringlich und nicht in jedem Augenblick greifbar und abrufbar.

Die Aufdringlichkeit von Werten steht fast immer in einem umgekehrten Verhältnis zu ihrer Höhe. Gerade deshalb bedarf es einer gewissen Selbstdisziplin, um der höheren, das heißt derer, die die größere Freude machen, überhaupt ansichtig zu werden. Sie bedürfen erhöhter Aufmerksamkeit. Aufmerksamkeit aber ist Selbsttätigkeit. Alles aber, was mit Selbsttätigkeit verbunden ist, macht die tiefere und dauerhaftere Freude. So bedeutet zum Beispiel Fernsehen minimale Selbsttätigkeit. Sehr klug eingefädelte statistische Untersuchungen haben daher ergeben, daß Menschen, die viel fernsehen, in ihren allgemeinen Äußerungen über ihr Lebensgefühl einen freudloseren Eindruck machen als Menschen, die eher geneigt sind, ein Buch zu lesen.

Es gibt zwei Eigenschaften, die den Wertqualitäten im Wege stehen und die auf den ersten Blick einander eher entgegengesetzt sind. Das eine ist die Stumpfheit, das andere die Blindheit der Leidenschaft. Ein Beispiel für Wertblindheit aus Stumpfheit berichtet uns das Alte Testament in der Geschichte von Esau, der dem Jakob sein Erstgeburtsrecht um ein Linsengericht verkauft. Jakob ist, angestiftet von seiner Mutter, clever genug, die Stumpfheit des hungrigen Esau und seine Vorliebe für Linsenmus im richtigen Augenblick auszunutzen, und erst sehr viel später entdeckt Esau, wie er hereingelegt wurde. Im Augenblick erschien ihm das Linsenmus als etwas Habhaftes und Konkretes und das Erstgeburtsrecht als eine abstrakte und blasse Größe. Der Stumpfe nimmt die Rangordnung der Werte nicht wahr.

Auf andere Weise nimmt der durch Leidenschaft Blinde sie nicht wahr. Auch hier noch einmal ein biblisches Beispiel: König David, ganz sicher kein stumpfer Mensch, ist von der Leidenschaft zu Bethsabee so hingerissen, daß er deren Mann an einen Platz im Krieg schickt, wo er mit Sicherheit umkommt. Die Liebe zu Bethsabee macht ihn blind gegen die Niedertracht, die in dieser Handlungsweise liegt. In gewisser Weise macht Leidenschaft sehend, sie öffnet den Blick für eine Wertqualität; zum Beispiel hier für die Schönheit der Frau. Ein leidenschaftsloses Leben ist deshalb nicht eigentlich ein gutes Leben. Einem Menschen, der über ein Unrecht nicht zornig werden kann, dem fehlt etwas Wesentliches. Die Leidenschaft erschließt uns einen Wert oder Unwert, aber sie verstellt uns gleichzeitig die Proportionen, in denen er gesehen werden muß. Wer deshalb aus Leidenschaft handelt, handelt in Wirklichkeit gar nicht um des Wertes willen, sondern egoistisch; er versteift sich nämlich darauf, *seine* Perspektive auf die Sache an die Stelle der Sache selbst zu setzen. So heißt es im Schlager: „Kann denn Liebe Sünde sein?" Natürlich nicht. Die Liebe, die uns den Wert eines Menschen, seine Schönheit entdecken läßt, ist etwas, das uns überkommt. Aber die Schönheit Bethsabees war ihrem Mann auch bekannt, und der Grund, warum David und nicht Urias sie bekommen sollte, also der Grund, warum Urias umgebracht wird, ist nicht, daß Bethsabee schön ist, sondern daß der König findet, *er* müßte sie haben und nicht Urias. Und daß *er* sie bekäme, sei wichtiger, als daß Urias am Leben bliebe. Das aber folgt gar nicht aus der Schönheit Bethsabees. Die Berufung auf Leidenschaft ist in diesem Falle keine Entschuldigung. Es ist die Berufung darauf, daß man in einem bestimmten Falle unzurechnungsfähig gewesen sei, das heißt: blind für alle anderen Seiten der Sache. Aber diese Blindheit ist keine echte. Der Mensch ist kein Tier. Er kann sich künstlich blind stellen; er kann so tun, als sähe er nicht. Aber für dieses Nichtsehen trägt er selbst die Verantwortung, bekanntlich auch vor dem Gericht.

Leidenschaft erschließt Wertqualitäten, aber nicht deren Rangordnung. Das ist der Grund des Rates, nicht unmittelbar im Zorn zu handeln. Der Zorn kann gerecht sein, er kann notwendig sein und mich aus der Stumpfheit gegenüber einem Unrecht reißen. Aber der Zorn belehrt mich nicht, was zu tun ist. Er verführt deshalb zu neuem Unrecht, weil er die Proportionen nicht zugleich sichtbar macht. Handeln ist immer komplex und hat fast immer mehrere Folgen. Das gleiche gilt für Mitleid. Auch das Mitleid macht sehend für fremdes Leid; aber es belehrt nicht über das, was zu tun ist. Aus Mitleid kann jemand etwas ganz Unvernünftiges tun, etwas, was dem Leidenden in Wirklichkeit gar nicht gut tut.

Dazu kommt ein weiteres: Leidenschaft kommt und geht; aber die Wertqualitäten, die durch das oft leidenschaftliche

Wertgefühl erschlossen werden, dauern. Wer nur aus Leidenschaft handeln kann, wird deshalb der Wirklichkeit nicht gerecht. Der Zorn verraucht, aber vielleicht ist es notwendig, jahrelang gegen ein bestimmtes Unrecht zu kämpfen, also auch dann noch, wenn die Leidenschaft des Zorns, die mich aufmerksam machte, sich längst verwandelt hat in eine tiefe, ruhige Gesinnung. Und wessen Bereitschaft, Menschen in Not zu helfen, gebunden ist an das aktuelle Gefühl des Mitleids, der wird damit bald aufhören; denn die Medien überschütten uns so mit Bildern des Elends, daß die Mitleidskapazität bei uns allen meistens rasch erschöpft ist. Es kommt dann darauf an, daß das Bewußtsein der Notwendigkeit der Hilfe die leidenschaftliche Aufwallung des Mitleids überdauert. Und noch einmal ähnliches gilt für die Liebe. Die gleiche Leidenschaft, die das Verbrechen aus Liebe begründet, kann auch das rasche Ende der Liebe begründen. Nachdem Heinrich VIII. aus Liebe zu Anna Boleyn seine Frau umgebracht hatte, brachte er aus Liebe zur nächsten Anna Boleyn um. Der Zusammenhang von Liebe und Treue liegt darin, daß das, was anfangs nur Leidenschaft war, allmählich die Tiefe der Person ergreift und ihre Freiheit nicht ausschaltet, sondern engagiert. Das Verhältnis verliert den Charakter eines zufälligen Schicksals, und die Liebenden sind nicht mehr darauf angewiesen, zu warten, ob ihre Liebe ihnen vielleicht ebenso abhanden kommt, wie sie ihnen zuflog. Sie wissen, daß das nicht sein wird, weil sie es nicht wollen, und weil die Liebe auch ihr freies Wollen ergriffen beziehungsweise ihr freies Wollen die Liebe ergriffen hat. Die Leidenschaft bringt uns immer nur in ein erstes Verhältnis zu einem Wert, sie stiftet nicht schon die angemessene freie Antwort auf ihn.

4

Gerechtigkeit
oder: Ich und die anderen

Gegen die fundamentale Bedeutung des Wertgefühls für das Gelingen des Lebens richten sich drei Einwände. Der erste Einwand lautet: Die Berufung auf Werteinsichten wirkt nicht konfliktüberwindend, nicht konsens-erzeugend. Wer sich darauf beruft, eine bestimmte Werteinsicht zu haben, die er gar nicht mitteilen kann, der fördert eher Konflikte. Die Antwort hierauf lautet: Die Beurteilung einer Ethik unter dem alleinigen oder vorrangigen Gesichtspunkt der Konfliktüberwindung entspringt selbst schon einer Wertung, und zwar einer, die keineswegs einleuchtet, wenn man sie einmal ausgesprochen hat. Daß Bach, Bartók, Alban Berg wunderbare Musik geschrieben haben, Musik, die es verdient, nicht verlorenzugehen, das ist auch dann wahr, wenn nur eine Minderheit dies einsieht. Es sieht auch nur eine Minderheit den Wert und die Bedeutung der Quantenphysik ein. Werteinsichten können durchaus Konflikt erzeugen. Andererseits sind sie aber auch wieder – wie schon gesagt wurde – die unerläßliche Voraussetzung für Konfliktüberwindung; denn wo Interessen unvermittelt aufeinanderprallen, ohne die Möglichkeit, ihren Rang zu bestimmen, da gibt es keine Möglichkeit der Einigung.

Der zweite Einwand lautet: Die Rede von Werten hat etwas Dogmatisches, Apodiktisches. Wissenschaftlich verantwortliche Rede sollte sich darauf beschränken, hypothetisch zu sein. Und auch unsere Wertungen sollten wir als Hypothesen verstehen, die wir jederzeit durch Erfahrung zu revidieren bereit sind. Hierauf ist zu antworten: Was heißt denn das: Aus Erfahrung lernen? Es heißt: Lernen, daß eine bestimmte Handlungsweise zur Erreichung eines Zieles geeigneter ist als eine andere Handlungsweise. Was aber, wo es um die Bewertung der Ziele selbst geht? Gelernt werden kann, daß etwas der Selbsterhaltung förderlicher ist, der Kommunikation bekömmlicher, lustbringender usw. Immer aber ist dabei schon eine Wertung des jeweiligen Zieles vorausgesetzt. Wer nicht schon etwas will – Selbsterhaltung, Kommunikation, Lustgewinn –, wem sich nicht schon Bedeutsamkeit, Wert erschlossen hat, der kann überhaupt nicht lernen. Darum sind Werteinsichten nicht Hypothesen, sondern die Voraussetzung für Hypothesenbildung. Wir könnten nämlich die Instanz gar nicht nennen, die uns mit Bezug auf solche Einsichten eines besseren belehren könnte. Es gibt nur *eine* solche Instanz, und die können wir erst nennen, wenn sie uns schon belehrt hat, nämlich eine neue, eine größere und tiefere Werteinsicht. Diese ist plötzlich da: wiederum als Evidenz und nicht als Hypothese. Und die Überlegenheit der neuen Einsicht über die alte liegt darin, daß sie die alte nicht einfach hinfällig macht, sondern ihr in einem größeren Zusammenhang einen neuen Stellenwert anweist.

Der dritte Einwand gegen die Rede vom Wertgefühl lautet, es handle sich in Wirklichkeit hier nur um Fragen der Sprache bzw. der Sprachanalyse. Wir verfügten eben über ein bestimmtes Wertvokabular, an das wir gebunden sind. Ich sehe hierin gar keinen wirklichen Einwand. Wir können Bedeutungsanalysen nur von solchen Worten machen, von denen wir annehmen, daß mit ihnen etwas gemeint ist. Die Sprache eröffnet uns in der Tat Zugang zu Qualitäten. Ohne bestimmte Worte für bestimmte Geschmacksqualitäten würden wir Schwierigkeiten haben, solche Qualitäten voneinander zu unterscheiden. Und Sprachen, die mit Bezug auf bestimmte Qualitäten besonders differenziert sind, ermöglichen uns auch ein besonders differenziertes Erleben solcher Qualitäten. Aber das Erleben der Qualitäten ist eben doch etwas anderes als der korrekte Gebrauch der betreffenden Ausdrücke. Das differenzierte Vergnügen des Weinkenners hängt zweifellos eng zusammen mit einem zur Verfügung stehenden Vokabular, das bei der Geschmacksbildung Verwendung findet. Aber das Vergnügen ist doch etwas anderes als die Benutzung dieses Vokabulars. Analoges gilt für alle Wertprädikate und insbesondere für das Wort ‚gut‘. Ob jemand die Bedeutung dieses Wortes verstanden hat, läßt sich am Ende nur daran sehen, ob von dem, was dieses Wort meint, irgendeine motivierende Kraft für sein Handeln ausgeht. In diesem Sinne lehrte Sokrates: Niemand wisse wirklich, was das Wort ‚gut‘ bedeutet, für den dieses Wissen folgenlos bleibt.

Richtig leben, so haben wir in den vorhergehenden Überlegungen gesehen, heißt: der Wirklichkeit gerecht werden. Das heißt: die eigenen Interessen objektivieren; sie durch den Wertgehalt der Wirklichkeit formen lassen. Erziehung, so sahen wir, soll den Menschen fähig machen, sich von der Auslieferung an den Reiz des Augenblicks zu befreien, fähig, wirklich zu tun, was er will. Er soll lernen, sein Leben zu führen, statt „gelebt zu werden“. Sache der Bildung ist es, den Wertgehalt der Wirklichkeit zu erschließen, vielseitige objektive Interessen auszubilden. Erst dadurch, daß wir unsere Interessen und Wünsche objektivieren, und das heißt, allgemeinen Maßstäben unterstellen, werden sie überhaupt miteinander vergleichbar, und nur so wird es möglich, daß wir uns mit uns selbst und mit anderen über konkurrierende Interessen verständigen können.

Das aber ist ein weiteres Element des richtigen, des gelingenden Lebens; denn die Wirklichkeit, der wir gerecht zu werden haben, das sind vor allem die anderen Menschen. Es gibt Menschsein überhaupt nicht ohne die anderen. Sprache, Denken, Fühlen entwickeln sich nur in der Kommunikation. Der Reichtum der Wirklichkeit erschließt sich uns nur mittels der Sprache, die uns mit anderen verbindet. Sogar den aufrechten Gang lernen wir durch Nachahmung. Niemand kann leben, ohne seinem Verhalten, seinen Handlungen eine Bedeutung zu geben, die sie für andere bis zu einem gewissen Grade verständlich macht, verständlich – das heißt aber hier nicht nur theoretisch erklärbar, sondern es heißt zustimmungsfähig, gerechtfertigt, und zwar gerechtfertigt gegenüber denen, die von den Folgen unserer Handlungen betroffen sind. Die Bereitschaft, sich im Handeln einem solchen Rechtfertigungsmaßstab zu unterwerfen, nennen wir: Gerechtigkeit.

Wir sprechen zwar auch von gerechten Zuständen, gerechten Verteilungsschlüsseln usw. Aber zuerst und vor allem ist Gerechtigkeit eine Tugend. Das heißt: eine Haltung von Menschen. Gerechtigkeit kann jedem jederzeit und gegenüber jedermann abverlangt werden; denn die Forderung der Gerechtigkeit verlangt nichts anderes als die Relativierung der eigenen Sympathien, Wünsche, Vorlieben und Interessen. Es ist kein hinreichender Rechtfertigungsgrund für mein Handeln, daß es meinen Interessen dient – wenn nämlich auch die Interessen anderer von ihm betroffen sind. Es mag sein, daß meine Interessen den Vorrang vor denen anderer haben; aber dann nicht, weil es meine sind, sondern weil es inhaltlich wichtigere sind. Das aber heißt: Wenn die eines anderen wichtiger wären, dann müßten diese den Vorrang haben. Gerecht nennen wir den, der bei Interessenkonflikten darauf sieht, um *welche* Interessen es sich handelt und bereit ist, davon abzusehen, *wessen* Interessen auf dem Spiel stehen. Und da wir immer versucht sind, uns in der Bewertung von Interessen etwas vorzumachen und uns selbst zu privilegieren, so gehört zur Gerechtigkeit die Bereitschaft, sich im Zweifelsfall einer unparteiischen Instanz zu unterwerfen. Das heißt also zum Beispiel: zur Gerechtigkeit gehört die Bereitschaft, sich staatlichen Gesetzen und einer öffentlichen Gerichtsbarkeit zu unterwerfen.

Das Phänomen, das aller Gerechtigkeit zugrunde liegt, ist das der Verteilung oder der Beanspruchung knapper Güter. Die Verteilung von Gütern, an denen Überfluß herrscht, unterliegt keinen Gerechtigkeitskriterien. Es ist das Eigentümliche der Zukunftsvision von Karl Marx, daß es in ihr nicht eigentlich um Gerechtigkeit geht, sondern um die Herstellung eines Zustandes, in dem es der Gerechtigkeit nicht mehr bedarf, eines Überflußzustandes, in dem jeder nur noch zuzugreifen braucht: der universelle Nulltarif. Die Produktion des Überflusses soll dann nur noch so wenig Arbeitszeit beanspruchen, daß auch bei deren Verteilung auf Gerechtigkeitskriterien verzichtet werden kann. Dieser Zustand erst heißt: Kommunismus. In ihm gilt das Prinzip ‚Jedem nach seinen Bedürfnissen‘.

Der Weg dahin steht allerdings für Marx ganz unter dem Diktat der Effizienz. Auf diesem Weg gilt als einziger Maßstab das Leistungsprinzip: ‚Jeder nach seinen Fähigkeiten, jedem nach seiner Leistung.‘ Ehe wir das Leistungsprinzip unter dem Aspekt der Gerechtigkeit ins Auge fassen, müssen wir noch etwas genauer fragen, was wir unter Gerechtigkeit verstehen. Gerechtigkeit ist die Anerkennung einer fundamentalen Symmetrie in den Beziehungen von Menschen, und zwar dort, wo es um die Verteilung knapper Güter geht. Diese Symmetrie besteht nicht in einfacher Gleichheit aller, sondern darin, daß Asymmetrien der Rechtfertigung bedürfen. Die Rechtfertigung aber muß von der Art sein, daß jeder, der selbst bereit ist, gerecht zu denken, dieser Asymmetrie zustimmen kann. Wo ein Mensch diskriminierenden Maßnahmen unterworfen wird, die ihm selbst gegenüber gar nicht gerechtfertigt werden und auch gar nicht gerechtfertigt werden können, wo er als Staatsbürger benachteiligt wird, weil er zum Beispiel Jude, Neger oder Sohn eines Großgrundbesitzers ist, da ist jene fundamentale Symmetrie verletzt, ohne die es keine Gerechtigkeit gibt. Gerechtigkeit heißt, wie gesagt, nicht, daß jeder das Gleiche bekommt oder das Gleiche leisten muß. Es heißt, daß der Maßstab bei der Verteilung von Lasten und Entschädigungen, wie immer er aussehen mag, nicht von vornherein zugunsten bestimmter Personen oder Personengruppen entworfen und bei der Anwendung nicht zugunsten oder ungunsten bestimmter Personen manipuliert wird. Darum wird Justitia mit einer Binde vor den Augen dargestellt. Gerechtigkeit heißt immer auch: Unparteilichkeit.

Nun müssen wir nicht immer und überall unparteilich sein; denn nicht alle unsere Handlungen unterliegen dem Maßstab der Gerechtigkeit. Aristoteles kannte zwei Arten von zwischenmenschlichen Handlungen, die der Forderung der Gerechtigkeit unterliegen: der Tausch von Gütern und die Verteilung von Lasten und Entschädigungen durch eine Autorität.

Was die Tauschgerechtigkeit betrifft, so meinte er, es müsse beim Tausch stets auf die Gleichwertigkeit der getauschten Gegenstände bzw. auf den gerechten Preis geachtet werden. Nun hängt aber der Wert von Gegenständen weitgehend von der Schätzung der Beteiligten ab, und diese wiederum unter anderem von der Seltenheit des fraglichen Gutes. Der Preis richtet sich bei funktionierendem Markt bekanntlich nach Angebot und Nachfrage. Warum sollte es ungerecht sein, bei einer Versteigerung dem Meistbietenden eine Sache um den Preis zu geben, den sie ihm wert ist? Die Frage nach der Tauschgerechtigkeit verlagert sich daher heute. Wir fragen: Warum ist jemand bereit, einen exorbitanten Preis zu zahlen? Handelt es sich um einen Liebhaber von Antiquitäten oder um einen Verdurstenden in der Wüste, der sein ganzes Vermögen für ein Glas Wasser hergibt? Im zweiten Fall liegt eine fundamentale Asymmetrie der beiden Parteien vor, und das Verlangen des Höchstpreises wäre eine himmelschreiende Ungerechtigkeit. Wir sprechen dann von Wucher. Die Ungerechtigkeit besteht in der Ausnutzung einer Notlage, in der Ausnutzung einer marktbeherrschenden Position, die es erlaubt, jeden Preis zu verlangen, oder in der Ausnutzung der Unwissenheit des Käufers bzw. des Verkäufers. Darum ist es eine Forderung der Gerechtigkeit an den Staat, solchen Asymmetrien entgegenzuwirken. Die Tugend der Tauschgerechtigkeit brauchen private Leute nur dann zu besitzen, wenn die Situation so asymmetrisch ist, daß sie bei der Festsetzung des Tauschwertes einer Sache Macht auszuüben imstande sind.

Gerechtigkeit ist nämlich die Tugend dessen, der über Macht verfügt: die Tugend des Stärkeren. Der Schwächere braucht keine Tugend, um an Symmetrie interessiert zu sein. Er ist ohnehin daran interessiert, denn er verbessert sich dadurch; aber er kann die Symmetrie nicht herstellen, eben weil er der Schwächere ist. Und wo Gleichheit herrscht, wie bei einem vollkommen funktionierenden freien Markt, da wird keine Gerechtigkeit verletzt, wenn jeder nimmt, was er bekommen kann. Aber es ist das Privileg des Mächtigen, andere Maßstäbe als die des eigenen Vorteils anzulegen, das heißt, verteilen zu können. Wer eine Stradivari-Geige zu versteigern hat und nicht selbst so arm ist, daß er sie unbedingt dem Meistbietenden geben muß, der ist in einer privilegierten

Lage; er handelt gerecht, wenn er sie nicht dem reichen Sammler, sondern einem hervorragenden Geiger verkauft, der vielleicht nur die Hälfte zahlt, aber in dessen Hände sie gehört.

Gerechtigkeit ist in erster Linie ein Gesichtspunkt bei der Verteilung knapper Güter innerhalb bereits bestehender und institutionalisierter Beziehungen. Gerechtigkeit stiftet nicht diese Beziehungen. Niemand ist verpflichtet, einem anderen Menschen Treue zu versprechen; aber wer es getan hat, der gibt dem anderen damit das Recht, sich auf seine Treue zu verlassen. Kein Land ist Ausländern Rechenschaft schuldig für seine Maßnahmen und Maßstäbe, die es bei der Einbürgerung zugrunde legt; aber sehr wohl kann jeder Bürger verlangen, nicht ohne gesetzliche Grundlage und ohne eigene Schuld ausgebürgert zu werden. Gewisse fundamentale Gerechtigkeitspflichten hat allerdings jeder Mensch gegen jeden anderen Menschen einfach aufgrund der Tatsache, daß beide dem Menschengeschlecht angehören.

Die Einheit, die wir mit „Menschengeschlecht" bezeichnen, ist anfänglich eine ganz abstrakte Einheit gewesen, die bloße Einheit einer Gattung, deren Mitglieder durch nichts als durch ihre Ähnlichkeit miteinander verbunden sind. In der heutigen Welt aber besteht längst ein reales Beziehungsgeflecht zwischen den verschiedenen Menschengruppen der Welt, insbesondere ein ökonomisches Beziehungsgeflecht. Wäre dieses Beziehungsgeflecht annähernd symmetrisch, so stellte sich das Problem der Gerechtigkeit nicht. In dem Maße aber, wo es innerhalb dieses Systems, das heißt vor allem des Weltmarktes, echte Machtpositionen gibt, vor allem eine Machtstellung der Industrieländer und der Öl exportierenden Länder, da taucht der Appell an Gerechtigkeit gegenüber den Inhabern dieser Machtposition auf. Sie sind nämlich tatsächlich noch etwas anderes als Tauschpartner, sie sind Verteiler, und als solche muß man von ihnen verlangen, daß sie Gesichtspunkte der Verteilungsgerechtigkeit berücksichtigen.

Aber nicht genug damit. Obgleich es immer ein Machtgefälle gibt und daher immer die Tugend der Gerechtigkeit erforderlich sein wird, so gehört doch zu dieser Tugend die Mitwirkung daran, sich selbst überflüssig zu machen; denn es ist gegen die fundamentale Symmetrie-Forderung, daß Menschen anderen Menschen auf Gnade und Ungnade bedingungslos ausgeliefert und davon abhängig sind, daß diese anderen Menschen gerecht sind. Darum gehört zur Gerechtigkeit als Zustand die Kontrolle der Macht, die Teilung der Gewalten, und zur Gerechtigkeit der Mächtigen die Bereitschaft, der Beschränkung ihrer Macht durch rechtliche Institutionen zuzustimmen.

Wenn wir nun genauer fragen, worin denn nun die Verteilungsgerechtigkeit besteht, so fällt die Antwort zunächst wieder sehr formal aus. Deshalb ist immer wieder gerade auch von Vertretern der neoliberalen Schule die Meinung vertreten worden, es gäbe so etwas wie Verteilungsgerechtigkeit überhaupt nicht. Die inhaltlichen Gesichtspunkte, unter denen verteilt werden kann, seien so verschieden, daß darüber immer Streit entstehe. Es komme nur darauf an, daß dieser Streit durch rechtsstaatliche Institutionen ermöglicht und alle Lösungen für Korrekturen offengehalten würden, im Gegensatz zu totalitären Staaten, die solche Revision der Verteilungsgesichtspunkte sehr erschweren und damit die Privilegien einer einmal privilegierten Schicht ungebührlich absichern. Indem die Vertreter solcher Schule solche Unveränderlichkeit von Privilegien kritisieren und fordern, die Diskussion über Verteilungsfragen müsse offengehalten werden, zeigen sie aber in Wirklichkeit, daß sie, obwohl sie leugnen, daß es so etwas wie Gerechtigkeit gibt, doch sehr wohl bestimmte Lösungen des Verteilungsproblems für ungerecht halten; also zum Beispiel jene Lösung, die auf der Ausnutzung der politischen Schwäche und Unterdrückung einer bestimmten Schicht von Unterprivilegierten beruht. Und wenn sie sagen, über Verteilung müsse eben gestritten werden, so muß man doch fragen, wie denn ein solcher Streit aussehen soll? Er sieht ja nicht so aus, daß der eine sagt: „Ich will so viel" und der andere: „Ich will aber so viel". Sondern beide *begründen* ihre Position. Sie legen relevante Gesichtspunkte vor. Sie sprechen über Zumutbarkeit usw. Mit anderen Worten: Sie reden über Gerechtigkeit. Der Streit ist sogar ein wesentliches Mittel für die Auffindung des Gerechten.

Gerade weil in Zivilprozessen die Anwälte der beiden Parteien zunächst einmal entgegengesetzte Vorschläge für ein gerechtes Urteil machen, einseitige Vorschläge und unter einseitigen Gesichtspunkten, gerade deshalb hat der Richter am Ende alle relevanten Gesichtspunkte wirklich vor Augen und kann versuchen, sie unparteiisch zu gewichten und so zu einem gerechten Urteil zu kommen. Also noch einmal: Was sind denn nun eigentlich relevante Verteilungsgesichtspunkte? Fassen wir zunächst zwei extreme Antworten ins Auge. Die erste Antwort lautet: Es gibt überhaupt nur *einen* relevanten Gesichtspunkt, den der tatsächlichen Durchsetzungskraft, das heißt das Recht des Stärkeren. Die zweite Antwort lautet: Man kann unter beliebigen Gesichtspunkten verteilen. Gerechtigkeit verlangt nur Unparteilichkeit bei der Anwendung des jeweiligen Maßstabes.

Betrachten wir zunächst das Recht des Stärkeren, das schon im 5. Jahrhundert vor Christus in Athen theoretisch und praktisch formuliert wurde. Die sophistischen Lehrer der Politikwissenschaft der damaligen Zeit lehrten, eben dies sei die Gerechtigkeit, daß der Starke tut, was ihm nützt. Platon erwiderte darauf: „Ist gerecht, was dem Starken nützt, oder das, wovon er *denkt,* daß es ihm nützt?" Und er fragte weiter: Was nützt denn eigentlich dem Menschen? Um dieses zu wissen, muß man wissen, was der Mensch ist. Essen kann der Starke schließlich auch nicht viel mehr, als bis er satt ist. Es könnte ja sein, daß es ihm nützt, das heißt, daß es ihn in seinem Menschsein fördert, der Wirklichkeit gerecht zu werden, sie in ihrem Wertgehalt zu sehen und lieben zu lernen. Das Recht des Stärkeren wäre dann vielleicht gerade das Recht und die Möglichkeit – die der Schwache nicht im gleichen Maße hat –, von seinem eigenen Interesse abzusehen, das heißt, gerecht sein zu können. Denn Gerechtigkeit ist die Tugend der Mächtigen. In jedem Tierrudel gilt, daß die Stärkeren ihre Stärke zwar einerseits dazu benutzen, ihre eigene Autorität zu festigen, die Autorität aber setzen sie andererseits dazu ein, die Schwächsten im Rudel zu schützen und die Interessen des Rudels gegenüber der feindlichen Umwelt zu verteidigen. Auch in der menschlichen Gesellschaft ist es unvermeidlich, daß die Stärkeren die Macht haben, denn wenn sie nicht stärker, durch Glück begünstigter, klüger, geschickter, redegewandter usw. wären, wie wären sie sonst an die Macht gekommen? Insofern ist die Rede vom Recht des Stärkeren eine Trivialität. Die Frage ist nur, was der, der sich durch den Besitz von Macht als der Stärkere erwiesen hat, mit dieser Macht anfängt: ob er sein Handeln objektiven Wertrangordnungen unterstellt oder nur subjektiven Interessengesichtspunkten.

Und da lautet die andere extreme Antwort: Verteilungsgesichtspunkte sind beliebig; Gerechtigkeit heißt nur, daß sie allgemein gelten und nicht von subjektiven Interessen diktiert werden. Auch an dieser Antwort ist etwas Richtiges. Wenn die Tibetaner zum Dalai Lama dasjenige Kind erwählten, das ein bestimmtes Muttermal hatte, dann hat es keinen

Sinn, dieses Verfahren von vornherein für ungerecht zu erklären. Solange dahinter die allgemein geteilte Überzeugung steht, daß eine göttliche Macht durch dieses Zeichen den Träger der geistlichen und weltlichen Macht zu erkennen gibt, kann man höchstens die Wahrheit dieses Glaubens bestreiten, nicht aber die Gerechtigkeit des Auswahlkriteriums. Ungerecht wäre es nur, wenn die untersuchenden Priester das Kind einer bestimmten Familie zum Dalai Lama proklamierten, obwohl es das Muttermal nicht hat. Die Gerechtigkeit liegt also tatsächlich in erster Linie in der Unparteilichkeit.

Dennoch gibt es in einer aufgeklärten Zivilisation – und für die meisten Bereiche in jeder Zivilisation – durchaus die Möglichkeit, relevante Verteilungskriterien von nichtrelevanten zu unterscheiden. Wer soll Medizin studieren? Reichtum der Eltern, ein Parteifunktionär als Vater, politische Betätigung in einer Staatsjugendorganisation sind offenbar keine relevanten Gesichtspunkte, und das Abiturzeugnis ist es auch nicht. Darum denkt man heute nach über Eignungstests. Relevant wäre auch die Bewährung als Pfleger in einem Krankenhaus, verbunden mit der erforderlichen Intelligenz. Sogar die Tatsache, daß Vater oder Mutter Ärzte sind, könnte als zusätzlicher Gesichtspunkt nicht ungerecht genannt werden; jedenfalls nicht so ungerecht wie die Eigenschaft, in einem Losverfahren Gewinner zu sein. Oft konkurrieren relevante Gesichtspunkte miteinander, und es ist schwer, sie in eine Rangordnung zu bringen. Ich nenne als Beispiel die Diskussion um das Kindergeld oder den steuerfreien Betrag für Kinder. Die Befürworter des Kindergeldes sagen, daß reiche Leute beim steuerfreien Betrag viel mehr für ihre Kinder herausbekommen als weniger begüterte, daß aber doch alle Kinder gleich viel wert sind und daß zudem ärmere Leute das Geld für die Kinder dringender brauchen als reiche. Die andere Partei macht geltend, daß wohlhabende Leute sowieso nicht nur absolut, sondern auch prozentual viel mehr Steuern zahlen als weniger wohlhabende; daß Steuerersparnisse für Kinder kein Geschenk sondern nur die Ermäßigung einer Last sind, und schließlich, daß tatsächlich die Aufwendungen reicher Leute für ihre Kinder unvermeidlich höher sind, weil die Kinder am allgemeinen Lebensstandard der Familie partizipieren. Ohne den steuerfreien Betrag zwinge man die wohlhabenden Leute, zur Strafe für ihre Kinder ihren Lebensstandard unverhältnismäßig zu senken. Ich diskutiere hier nicht diese beiden Gesichtspunkte, sondern weise nur darauf hin, daß hier zwei verschiedene Gleichheitsprinzipien miteinander konkurrieren.

Diese Konkurrenz ist schon den Philosophen der Antike aufgefallen. Sie haben gesprochen von proportionaler und arithmetischer Gleichheit. Arithmetische Gleichheit, das hieße: jeder bekommt das gleiche. Also nicht gleicher Lohn für gleiche Leistung, sondern für alle der gleiche Lohn ohne Rücksicht auf die Leistung, und für alle die gleiche Chance auf Bekleidung eines Staatsamtes ohne Rücksicht auf Qualifikation. Daß das ungerecht wäre, leuchtet leicht ein. Niemand möchte in einem Staat leben, in dem die Ärzte nicht durch ein medizinisches Studium, das sehr mühevoll ist, qualifiziert sind, sondern durch die Tatsache, daß sie in einem Losverfahren gewonnen haben, an dem alle sich beteiligen durften.

Das umgekehrte Prinzip ist das der proportionalen Gleichheit. Marx drückt das mit der Formel aus: Jeder nach seinen Fähigkeiten, jedem nach seiner Leistung. Dieses Prinzip „jedem das Seine" statt „jedem das Gleiche" ist in gewisser Weise der Gerechtigkeit näher als das arithmetische, aber es befriedigt allein auch nicht. Denn erstens bleibt die Frage offen, wie Leistung zu bewerten ist: nach der aufgewendeten

Mühe, nach der Unannehmlichkeit, nach der erforderlichen Qualifikation oder wonach sonst? Und dann bleibt die Tatsache bestehen, daß die Qualifikation für bestimmte hochbewertete Leistungen selbst wieder teilweise eine Folge von Glückschancen ist; angefangen von der Begabung bis hin zu der Tatsache, daß der eine durch physische oder psychische Beeinträchtigung daran gehindert ist, etwas zu leisten und der andere nicht. Deshalb schreibt Platon, nur Gott könne ausschließlich nach proportionaler Gerechtigkeit verfahren, da er allein den absoluten Wert eines jeden einzelnen und seiner Leistung beurteilen könne. Menschen aber müßten die verschiedenen konkurrierenden Maßstäbe stets durch eine Zutat von arithmetischer Gleichheit abmildern, da sonst die Gerechtigkeit sehr leicht zur Ungerechtigkeit werde. Die reine Leistungsgesellschaft ist ebenso ungerecht wie die Gesellschaft, die die Leistung ignoriert und unbelohnt läßt.

Es gibt aber außer der arithmetischen Gleichheit und der Leistungsproportionalität noch eine andere Proportionalität, die zu einer gerechten Gesellschaft gehört: die Proportionalität im Verhältnis zu den Bedürfnissen eines Menschen. Dieses Prinzip ist erst durch das Christentum in die Welt gekommen. Es besagt, daß dem, der sich nicht selbst helfen kann, geholfen werden muß nach Maßgabe seiner Bedürfnisse. Es besagt, daß es nicht ungerecht ist, der Mehrheit die Aufgabe für Aufwendungen hierfür abzuverlangen, und dies nicht erst in der Überflußgesellschaft einer imaginären Zukunft, sondern hier und heute. Diese Proportionalität hat schon etwas mit dem zu tun, was wir Nächstenliebe nennen; ein gewisses Maß an Nächstenliebe ist zweifellos in unsere Gerechtigkeitsvorstellung eingegangen. Was der barmherzige Samariter tat, als er den Schwerverletzten auf eigene Kosten in der Herberge in Pflege gab, geht zweifellos über bloße Gerechtigkeit hinaus. Aber Priester und Levit, die den Verletzten sa-

hen und vorübergingen, würden nach unserem Strafgesetz-
buch wegen unterlassener Hilfeleistung vor Gericht gestellt.
Das ist ein Fortschritt.

5
Gesinnung und Verantwortung
oder: Heiligt der Zweck die Mittel?

Was heißt das: Dem Menschen gerecht werden? So haben wir zu fragen begonnen. Wir haben diese Frage noch nicht beantwortet, sondern nur eine erste Bedingung genannt, die wir mit dem Wort ‚Gerechtigkeit‘ bezeichnen. Wir haben darunter die Haltung dessen verstanden, der bereit und imstande ist, bei der Verteilung von knappen Gütern oder bei ihrer Beanspruchung von sich selbst und seinen persönlichen Vorlieben und Sympathien abzusehen; der bereit ist, statt dessen einen Maßstab anzulegen, der gegenüber jedem Betroffenen gerechtfertigt werden kann. Wenn dies der Fall sein soll, so sagen wir, müssen Ungleichheiten der Verteilung begründet sein. Sie müssen in Proportion stehen zu relevanten Eigenschaften, nicht aber in einer Diskriminierung von Personen oder Personengruppen begründet sein, denen diese selbst niemals würden zustimmen können. Gerechtigkeit, das bedeutet Anerkennung, daß jeder Mensch um seiner selbst willen Achtung verdient.

Aber Gerechtigkeit genügt nicht, um den Menschen gerecht zu werden. Eine Regierung, die es jedermann, einschließlich den Regierungsmitgliedern, verbieten würde, an Rosen zu riechen, würde nicht ungerecht handeln, weil sie niemanden aus sachfremden Gründen diskriminieren würde; aber das Verbot wäre trotzdem idiotisch. Ein eindrucksvolles Beispiel dafür, daß es etwas Höheres als Gerechtigkeit gibt, ist die Geschichte vom salomonischen Urteil. Zwei Frauen streiten sich vor dem König Salomon darüber, wem das überlebende ihrer beider Kinder gehört. Salomo, außerstande, den Sachverhalt aufzuklären, befiehlt, den Säugling mit dem Schwert entzweizuschneiden und jeder Frau einen Teil zu geben. Die Frau, die dagegen Einspruch erhebt und bereit ist, das Kind lieber der anderen zu überlassen, wird von ihm eben deshalb als die wahre Mutter erkannt. Sie verzichtet auf Gerechtigkeit, weil sie das Kind liebt. Die archaische Geschichte sieht davon ab, daß ein Kind selbst schon ein Objekt von Gerechtigkeitsansprüchen ist. Sie handelt nur von der Gerechtigkeit zwischen den beiden Frauen. Aber es gilt eben ganz allgemein: Es ist unsittlich, Güter, deren gerechte Verteilung unmöglich ist, lieber zu vernichten, als sie irgend jemandem unter irgendeinem Gesichtspunkt zukommen zu lassen. Und wo sich kein relevanter Gesichtspunkt findet, da bleibt immer noch das Los oder das Recht dessen, der die Sache zufällig bereits hat.

Dem Menschen, der Wirklichkeit gerecht werden, das geht über die Gerechtigkeit hinaus. Es erfordert zweierlei: Wissen und Liebe. Ohne Wissen über das, was der Mensch ist und was ihm gut tut, handeln wir falsch. Wer sein Kind mit Bonbons oder mit häufigem Fernsehen füttert, mag ja das Kind lieben; aber er tut, was jemand täte, der dem Kind schaden will. Wissen, verbunden mit Liebe, ist das Beste. Wo jemand schaden will, da allerdings ist Wissen schlecht; denn je mehr er weiß, desto besser kann er schaden. Unter Liebe ist hier nicht Sympathie verstanden. Die zu haben oder nicht zu haben, liegt nicht in unserer Macht. Liebe heißt hier soviel wie: Wohlwollen, Wille, dem anderen das zukommen zu lassen, was für ihn gut ist. Und solches Wohlwollen richtet sich nicht nur auf Menschen, sondern auf alles Lebendige; einem Tier ohne Notwendigkeit Schmerzen zufügen heißt auch, ihm nicht gerecht werden. Denn der Schmerz hat es unmittelbar an sich, daß man ihn nicht wollen soll, weil man ihn für sich selbst nicht wollen kann.

Nun entsteht folgende Frage: Was erfordert jene allgemeine Bereitschaft, der Wirklichkeit, insbesondere der Wirklichkeit anderer Menschen, gerecht zu werden? Was erfordert das Wohlwollen, ohne welches es kein gutes Leben gibt? Was ist der Maßstab, dem unsere Handlungen über den der Gerechtigkeit hinaus genügen müssen, um gut zu sein? Hier gibt es nun seit langem eine philosophische Kontroverse, der wir uns nun zuwenden müssen. Der große Soziologe Max Weber hat die beiden, seiner Ansicht nach niemals zu vereinbarenden Positionen mit den Begriffen „Gesinnungsethik" und „Verantwortungsethik" charakterisiert.

Er verstand unter Verantwortungsethik die Einstellung eines Menschen, der bei seinen Handlungen die Gesamtheit der voraussichtlichen Folgen in Betracht zieht, der also fragt, welche Folgen insgesamt unter dem Aspekt des Wertgehaltes der Wirklichkeit die besten sind und der dementsprechend handelt, und zwar auch dann, wenn er dabei etwas tun muß, was, wenn man es isoliert betrachtet, schlecht genannt werden müßte. Verantwortungsethisch handelt nach Weber zum Beispiel ein Arzt, der dem Patienten die Unwahrheit über seinen Gesundheitszustand sagt, weil er fürchtet, er werde die Wahrheit nicht vertragen; und verantwortungsethisch handelt der Politiker, der das Kriegspotential, ja die Bereitschaft, notfalls Krieg zu führen, stärkt, um dadurch eine Abschreckungswirkung zu erzielen und die Kriegswahrscheinlichkeit zu verringern.

Gesinnungsethisch dagegen handelt der Pazifist, der unter keinen Umständen bereit ist, zu töten, sogar dann nicht, wenn die Ausbreitung des Pazifismus auf einer Seite die Kriegsgefahr erhöht. Er argumentiert, daß es keinen Krieg gäbe, wenn alle Pazifisten wären, und daß schließlich einmal einige damit anfangen müßten. Auf das Argument, daß der Pazifismus gar nicht allgemein wird, sondern daß er gerade dazu ausreicht, die eigene Position so zu schwächen, daß ein potentieller Gegner herausgefordert wird, antwortet er, daß das nicht seine Schuld sei; wenn schon getötet werde, dann wolle er wenigstens daran unbeteiligt sein.

Max Weber meinte, es handle sich hier um letzte Gegensätze, Gegensätze, die argumentativ nicht mehr ausgetragen werden könnten. Er neigte dazu, die Verantwortungsethik als die Ethik des Politikers, die Gesinnungsethik als die des Heiligen zu bezeichnen, allerdings in Verkennung der Tatsache, daß es auch heilige und zugleich erfolgreiche Politiker gegeben hat, wenngleich zugegebenermaßen selten.

In der heutigen Ethik wird das Problem oft diskutiert unter dem Stichwort eines Gegensatzes von deontologischer und teleologischer Moral. „Deontologisch" nennt man Moralen, die bestimmte Handlungen allgemein und ohne Rücksicht auf die Folgen schlecht oder gut nennen, „teleologisch" solche, die den sittlichen Wert von Handlungen ableiten vom Wert der Gesamtheit ihrer mutmaßlichen Folgen. Teleologische Moral oder Verantwortungsethik trägt auch den Namen „Utilitarismus".

Die Alternative: Gesinnungsethik oder Verantwortungsethik ebenso wie die Alternative: Deontologie oder Utilitarismus sind aber tatsächlich geeignet, die Sache, um die es geht, eher zu verdunkeln. Man fühlt sich angesichts ihrer an einen Satz Hegels erinnert: „Der Grundsatz, bei den Handlungen die Konsequenzen verachten, und der andere, die Handlungen aus den Folgen beurteilen und sie zum Maßstab dessen, was gerecht und gut sei, zu machen, ist beides gleich abstrakter Verstand."

Tatsächlich gibt es keine Ethik, die schlechterdings absähe

von den Folgen einer Handlung, weil es gar nicht möglich ist, eine Handlung überhaupt zu definieren ohne Rücksicht auf bestimmte Wirkungen. Handeln heißt: Wirkungen hervorbringen. Wer zum Beispiel jede Lüge für verwerflich hält, der sieht ja auch nicht von allen Folgen ab, sondern er zieht nur *eine* Folge in Betracht, nämlich genau jene, die die Lüge zur Lüge macht, die Täuschung, die Irreführung eines anderen Menschen. Ohne diese Folge gibt es keine Lüge, jedes Märchen-Erzählen wäre sonst gleichbedeutend mit Lüge. Es geht also nicht um Gesinnung oder Verantwortung, und es geht auch nicht um das Inbetrachtziehen oder Vernachlässigen von Folgen, sondern es geht um die Frage: Für welche und für wie weit reichende Folgen der Handlung trägt der Handelnde die Verantwortung? Es geht darum, ob bestimmte Folgen niemals verursacht werden dürfen, oder ob umgekehrt unter Umständen jede Handlung erlaubt ist, wenn, auf die Länge gesehen, die Gesamtheit der positiven Folgen dies rechtfertigt. Es geht also letzten Endes um die alte Frage, ob der Zweck die Mittel heiligt – wenn es sich nämlich um einen guten Zweck handelt, der den durch die Mittel angerichteten Schaden aufwiegt.

Nun ist es gar keine Frage, daß der größte Teil unserer Handlungen auf einer Abwägung der Folgen, bzw. einer Abwägung der Güter beruht, die von den Folgen unserer Handlungen positiv oder negativ betroffen sind. Wir wägen Gewinn und Verlust gegeneinander ab. Der Arzt amputiert unter Umständen ein Bein oder entfernt eine Niere, um den übrigen Menschen zu retten, oder er verbietet dem Patienten den Genuß von Wein, um ihn vor größeren Unannehmlichkeiten zu bewahren, als es dieser Verzicht ist. Hier rechtfertigt zweifellos der Zweck das Mittel: Verantwortungsethik.

Aber wie steht es, wenn wir diese Denkweise beliebig fortsetzen? Nehmen wir an, der Arzt hat über die Gesundheit eines bösartigen Menschen zu wachen, der sich und seinen Mitmenschen auf die Nerven fällt, oder gar eines Verbrechers. Sollte der Arzt aus Verantwortung für die Gesamtheit der Folgen seiner Handlung dem Patienten zu einer Therapie raten, die ihn möglichst bald unter den Rasen bringt? In diesem Sinne handeln offenbar die sowjetischen Psychiater verantwortungsethisch, wenn sie Dissidenten, die sie für schädliche Menschen halten, in Kliniken einsperren und mit Drogen behandeln, um den Willen dieser Menschen zu brechen. Unserem Verständnis von ärztlicher Verantwortung widerspricht diese Auffassung radikal. Denn nach unserem Verständnis endet die Verantwortung des Arztes genau an dem Endziel, das Beste für die Gesundheit seines Patienten zu tun. Diese Fürsorge einer weiterreichenden Verantwortung für irgendwelche Folgen unterzuordnen, wäre mit ärztlichem Ethos unvereinbar.

Unvereinbar mit ärztlichem Ethos ist es zum Beispiel auch, wenn beim Testen von Medikamenten einer Kontrollgruppe von Patienten dieses Medikament vorenthalten wird, obwohl der behandelnde Arzt schon vor Abschluß des Versuchs weiß, daß dieses Medikament das Leben einzelner dieser Patienten retten würde. Denn das Arzt-Patient-Verhältnis beruht auf einem stillschweigenden Vertrag, daß bei der Therapie keine übergeordneten Zwecke und keine weiterreichenden Folgen als eben die Wiederherstellung der Gesundheit des Patienten eine Rolle spielen. Etwas anderes ist es, wenn das Moment der Knappheit der Mittel hineinspielt. Wenn zum Beispiel eine Herz-Lungen-Maschine oder eine künstliche Niere nicht für alle Anwärter zur Verfügung steht, dann muß nach Gesichtspunkten der Verteilungsgerechtigkeit entschieden werden. Das heißt: dann muß unter Umständen tatsächlich Leben gegen Leben abgewogen werden nach objektiven, unparteilichen Gesichtspunkten.

Solche Beispiele werden oft angeführt, um zu beweisen, daß das Abwägen von Gütern oder Werten die allgemeine Form unseres sittlichen Handelns ist; aber diese Folgerung ist falsch. Der Utilitarismus, der dies behauptet, ist aus verschiedenen Gründen unhaltbar. Das sollen die folgenden Überlegungen in Kürze zeigen.

Der Utilitarismus scheitert erstens an der Komplexität und Undurchschaubarkeit der langfristigen Folgen unserer Handlungen. Wenn wir die Gesamtheit der Handlungsfolgen in Betracht ziehen müßten, kämen wir vor lauter Kalkulieren nicht mehr zum Handeln. Die Senkung der Kindersterblichkeit in armen Ländern hat oft langfristig katastrophale Folgen, diese aber führen dann wiederum zu einem Druck, die Lebensverhältnisse insgesamt zu verbessern; ob das gelingt, ist offen. Was insgesamt am Ende überwiegt, wer will das beurteilen? Niemand könnte mehr handeln, wenn er zunächst zu einem solchen Urteil kommen müßte.

Umgekehrt entsteht oft langfristig aus Schlechtem Gutes. Jesus sagte ausdrücklich, daß der Verrat des Judas dadurch nicht gerechtfertigt sei, daß er tatsächlich ein Mittel zur Erlösung der Menschheit war. Jedes Verbrechen wäre gerechtfertigt, wenn der, der es begeht, dabei einen Zweck verfolgt, der dieses Mittel „heiligt". Übrigens haben wir es hier mit einer ganz eigentümlichen Dialektik zu tun. Radikale Verantwortungsethik im Sinne Max Webers ist in Wirklichkeit nämlich gar nichts anderes als radikale Gesinnungsethik. Nach ihr darf man nämlich eine Handlung gar nicht mehr für sich beurteilen, sondern man muß die Gesinnung, die Absicht des Handelnden, seine Weise, das Endziel der Geschichte zu verstehen, in Rechnung stellen und ihn dann je nach dieser Gesinnung für Handlungen freisprechen, die normalerweise als Verbrechen gelten. Der Gesinnungsethiker versteht sich selbst als radikaler Verantwortungsethiker. Die Wahrheit ist:

Wir tappen, was die Gesamtheit der Folgen betrifft, immer im Dunkeln. Und wenn die Sittlichkeit unseres Handelns von einem solchen Urteil abhinge, dann müßten wir mit Hamlet ausrufen: „Weh, daß zur Welt ich kam, sie einzurichten!"

Das zweite Argument ist das folgende: Der Utilitarismus liefert das sittliche Urteil des normalen Menschen der technischen Intelligenz von Experten aus. Er verwandelt sittliche in technische Normen. Denn man kann nach ihm die sittliche Qualität von Handlungen nicht an diesen selbst ablesen, sondern man bedarf dazu einer universalen Nutzenfunktion; und diese zu erstellen, ist Sache von Experten, seien diese auch selbsternannt. Wenn jungen SS-Männern in der Nazizeit befohlen wurde, jüdische Kinder zu töten, so mag sich in manchem das Gewissen geregt haben. Zum Schweigen wurde das Gewissen gebracht mit Theorien wie der, daß die Existenz der Juden für die Menschheit insgesamt schädlich sei. Nehmen wir an, der Mann sei zu dumm oder zu verblendet gewesen, um die Unsinnigkeit dieser Theorie zu durchschauen. Was ihm in jedem Falle hätte bleiben müssen, war die einfache Einsicht, daß man unschuldige Kinder nicht töten darf.

Der Utilitarismus aber läßt solche einfachen Einsichten nicht gelten. Er entmündigt das Gewissen zugunsten von Ideologen oder Technokraten. Damit niemand denkt, dieses Beispiel sei zu extrem, um für uns Bedeutung zu haben, erinnere ich an ein Experiment, das der Bayerische Rundfunk vor wenigen Jahren veranstaltete: Man holte wahllos eine Anzahl von Leuten von der Straße, Alte und Junge, Männer und Frauen, und forderte sie auf, sich an einem Experiment zu beteiligen, das für die Entwicklung der Lernmethoden angeblich von großer Bedeutung sein sollte. Im Zuge dieses Experiments mußten die herbeigeholten Helfer einer in einem abgeschlossenen Raum befindlichen Versuchsperson von außen durch Knopfdruck Stromstöße verabreichen, und zwar in wachsender Stärke. Ich muß natürlich dazusagen, daß das Ganze simuliert war. Niemand erhielt wirklich Stromstöße. Aber die herbeigeholten Passanten glaubten es. Sie waren in Wirklichkeit selbst die Versuchspersonen. Man wollte sehen, wieweit ihre Bereitschaft ging, bei so etwas mitzumachen. Das Erschreckende war: Die Bereitschaft ging sehr weit. Als die angebliche Versuchsperson zu schreien begann, als die angeblichen Stromstöße bis nahe an die tödliche Grenze ging, wollten einige nicht mehr weitermachen. Es wurde ihnen dann erklärt, daß in diesem Falle das ganze aufwendige Projekt hinfällig würde, und daß doch vom Erfolg des Experimentes eine bedeutende Verbesserung der Lernmethoden für alle Menschen der Welt zu erwarten seien. Die meisten ließen ihr Gewissen durch dieses utilitaristische Argument entwaffnen und betätigten sich als Folterer.

Was folgt daraus? Daß die Ausrichtung unseres Handelns an der Gesamtheit der Folgen den Menschen orientierungslos macht, ihn jeder Versuchung und jeder Manipulation ausliefert. Da dies sicher nicht zu einer besseren Welt führt, gerät der Utilitarist in einen Selbstwiderspruch; denn er will ja die bestmögliche Welt. Aber die bestmögliche Welt wird gerade nicht erreicht, indem jeder sich die bestmögliche Welt zum Ziel setzt. Sogar unter utilitaristischem Gesichtspunkt ist die utilitaristische Handlungsorientierung eher schädlich.

Ein drittes Argument soll das noch verdeutlichen. Der Utilitarist ist nicht nur leicht durch sogenannte Experten verführbar; er ist auch durch Verbrecher leichter erpressbar und erhöht damit die Gefahr der Erpressungen. Natürlich ist es in vielen Fällen auch aus utilitaristischen Erwägungen richtig, Erpressungen zu widerstehen, um nämlich das Erpressungswesen selbst zum Erliegen zu bringen. Dennoch ist es jedesmal eine Sache der Abwägung der auf dem Spiel stehenden

Übel, ob man nachgeben soll oder nicht. Der Privatmann wird – und mit Recht – eher zum Nachgeben bereit sein als der Politiker, der zu längerfristigen Überlegungen verpflichtet ist. Das Handeln des Politikers muß mehr als das aller anderen utilitaristischen, „verantwortungsethischen" Gesichtspunkten folgen. Das sittliche Problem stellt sich erst da in voller Schärfe, wo der Erpresser *verbrecherische* Handlungen verlangt, zum Beispiel die Tötung eines Unschuldigen oder die Auslieferung eines Gastfreundes, und dies unter Androhung weit größerer Übel. Der Utilitarist müßte hier unter Umständen nachgeben mit der Begründung, daß der Tod eines Menschen besser ist als der Tod von hundert Menschen. Wer jedoch auf dem Standpunkt steht, daß die Tötung eines unschuldigen Menschen in jedem Fall ein Verbrechen ist, der wird sich dieser Logik nicht unterwerfen. Wenn man weiß, daß er auf diesem Standpunkt steht, dann wird man die Erpressung gar nicht erst versuchen, so daß auch hier der Utilitarismus unter Umständen wieder kontraproduktiv wirkt, das heißt, Folgen zeitigt, die er gerade vermeiden möchte.

Das Resultat unserer bisherigen Überlegungen scheint zu sein: Unsere sittliche Verantwortung ist nur dann konkret, bestimmt und nicht beliebig manipulierbar, wenn sie zugleich begrenzt ist, das heißt, wenn wir nicht davon ausgehen, wir müßten jeweils die Gesamtheit der Folgen jeder Handlung und jeder Unterlassung verantworten. Nur unter dieser Voraussetzung läßt sich überhaupt der Begriff der ‚Unterlassung' definieren. Schuldhafte Unterlassung ist die Unterlassung von etwas, was ich hätte tun müssen. Wenn wir in jedem Augenblick alles verantworten müßten, was wir in diesem Augenblick nicht tun; wenn wir bei jeder Handlung alle alternativen Handlungsmöglichkeiten prüfen und die beste wählen müßten, wären wir vollständig überfordert.

Wieweit tatsächlich die Verantwortlichkeit des Handelnden jeweils reicht, das zu bestimmen, wäre sehr weitläufig. Die des Arztes zum Beispiel ist begrenzter als die des Politikers, dem zugemutet und erlaubt werden muß, sehr weitreichende und komplexe Folgezusammenhänge zu bedenken. Aber auch dessen Pflicht der Optimierung bezieht sich in erster Linie auf das Territorium, für das er die reale Verantwortung trägt. Für andere Länder und Völker hat er nicht in dem Sinne zu sorgen, daß er das für sie Beste tut. Ihnen gegenüber hat er die Pflicht der Gerechtigkeit.

Die Frage bleibt: Gibt es eine Verantwortung des Menschen als Menschen, eine Verantwortung, die jeder Mensch hat? Und gibt es bestimmte Handlungen, durch die er sie verletzt? Kant hat die Forderung, die an jeden Menschen ergeht, so formuliert, daß wir in keiner Handlung uns selbst oder andere bloß als Mittel gebrauchen dürfen. Dagegen ist eingewendet worden, wir brauchten einander doch ständig als Mittel zu bestimmten Zwecken; das ganze menschliche Zusammenleben beruhe schließlich darauf. Aber das wußte Kant natürlich auch. Was er sagen wollte, war dies: Wir dürfen einander immer nur teilweise als Mittel gebrauchen. Wir profitieren von gewissen Fähigkeiten und Leistungen des anderen. Aber darin wird doch nicht verkannt, daß der andere seinerseits Selbstzweck ist, daß er ebenfalls das Recht hat, Dienste seiner Mitmenschen in Anspruch zu nehmen. Er wird also nicht als Person negiert. Es gibt jedoch Handlungsweisen, die den Menschen als Person negieren. Zum Beispiel wird er als Selbstzweck verneint, wenn er in Sklaverei gebracht wird; wenn er gefoltert wird; wenn er als Unschuldiger getötet wird; wenn er sexuell mißbraucht wird. Und Kant meinte: auch wenn er belogen wird, was ich an dieser Stelle nicht diskutieren möchte.

Wichtig ist, daß es eine Asymmetrie gibt zwischen guten und schlechten Handlungen. Es gibt nämlich keine Handlungsweise, die immer und überall „gut" wäre. Ob eine Handlung gut ist, hängt immer von der Gesamtheit der Umstände ab. Es sei denn, wir verstehen unter „gut" auch einfach die Unterlassung einer schlechten Handlung. Es gibt jedoch bestimmte Handlungsweisen, die ohne Ansehung der Umstände immer und überall schlecht sind, weil durch sie unmittelbar der Selbstzweckcharakter, die Würde der Person negiert wird. Bei solchen Handlungen hört jeder Kalkül der Folgen auf. Das aber heißt: Für die Folgen der Unterlassung einer in sich schlechten Handlung trifft uns keine Verantwortung. Der Mann, der sich weigerte, ein jüdisches Mädchen zu erschießen, das ihn um sein Leben anflehte, hat nicht die Verantwortung dafür, daß sein Vorgesetzter daraufhin zehn andere Menschen erschießt, mit deren Erschießung er ihm zuvor gedroht hat. Sterben müssen wir schließlich alle einmal; aber morden müssen wir nicht.

Für die Unterlassung dessen, was wir nicht dürfen, trifft uns so wenig die Verantwortung wie für die Unterlassung dessen, was wir physisch gar nicht können. Ein guter Mensch wäre ein Mensch, dessen Gewissen das ‚Ich darf nicht' in ein ‚Ich kann nicht' verwandelte. Der römische Gesetzgeber der Antike hat diese Einsicht mit der ihm eigenen Klarheit so formuliert: „Was gegen die Pietät, gegen die Achtung vor dem Menschen, kurz gegen die guten Sitten ist, das muß so betrachtet werden, als wenn es unmöglich wäre."

6
Der Einzelne
oder: Muß man immer seinem Gewissen folgen?

Bisher war von vielerlei Gesichtspunkten die Rede, die mit-
spielen, wenn wir eine Handlung gut oder schlecht nennen,
richtig oder falsch, gelungen oder verfehlt. Wir haben ge-
fragt: Was wollen wir eigentlich und im Grunde? Und wir
haben das Gute als Erfüllung dieses eigentlichen Wollens zu
verstehen versucht. Wir haben von Werten gesprochen, von
Folgen der Handlung und von Gerechtigkeit. Es scheint aber
doch, als gebe es eine einfache und klare Antwort, die alle
solche Überlegungen überflüssig macht, nämlich die Antwort: Was jemand tun soll, sagt ihm sein Gewissen.

Diese Antwort ist richtig und in dieser Einfachheit zugleich irreführend. Wir wollen uns jetzt mit ihr beschäftigen
und fragen: Was ist das eigentlich, was wir Gewissen nennen? Was leistet das Gewissen? Hat es immer recht? Muß
man ihm wirklich immer folgen, und muß man das Gewissen
anderer immer respektieren?

Das Wort ‚Gewissen‘ ist offenbar nicht von vornherein
eindeutig. Es wird in sehr verschiedenartigen Zusammen-
hängen verwendet. Wir sprechen von gewissenhaften Menschen, die sich durch pünktliche Erfüllung ihrer täglichen
Pflichten auszeichnen; aber wir sprechen auch von Gewissen, wenn jemand aus diesen Pflichten ausbricht und Widerstand leistet. Wir bezeichnen das Gewissen als ein unbedingt
zu respektierendes Heiligtum jedes Menschen, das auch

durch die Verfassung geschützt wird, und wir verurteilen dennoch sogenannte ‚Gewissenstäter‘ zu hohen Strafen. Die einen halten das Gewissen für eine Stimme Gottes im Menschen, die anderen für ein Dressurprodukt, für die anerzogene Verinnerlichung ursprünglich äußerlicher Herrschaftsnormen. Was hat es auf sich mit dem Gewissen?

Von Gewissen reden heißt, von der Würde des Menschen reden. Es heißt davon reden, daß der Mensch nicht Fall eines Allgemeinen, Exemplar einer Gattung ist, sondern jeder einzelne als Einzelner selbst eine Totalität, selbst schon „das Allgemeine“.

Das Naturgesetz, nach welchem ein Stein von oben nach unten fällt, ist diesem Stein sozusagen äußerlich. Er weiß nichts von ihm. Wir, die Beobachter, fassen seinen Fall auf als Beispiel für ein allgemeines Gesetz. Und auch der Vogel, der ein Nest baut, verfolgt nicht die Absicht, etwas für die Erhaltung der Art zu tun oder Vorsorge zu treffen für das Wohl seiner künftigen Jungen. Ein innerer Drang, ein Instinkt treibt ihn, etwas zu tun, dessen Sinn ihm selbst verborgen ist. Man sieht das daran, daß Vögel auch in Gefangenschaft, wo sie gar keine Jungen zu erwarten haben, mit Nestbau beginnen.

Menschen dagegen können wissen, warum sie das tun, was sie tun. Sie verhalten sich ausdrücklich und in Freiheit zum Sinn ihres Handelns. Wenn ich Lust habe, etwas Bestimmtes zu tun, durch dessen Folgen ein anderer geschädigt wird, dann kann ich mir diese Folgen vor Augen stellen, und ich kann mich fragen, ob es gerecht ist, und ob ich es verantworten kann. Wir sind imstande, uns von unseren objektiven Augenblicksinteressen unabhängig zu machen und uns die objektive Rangordnung der für unser Handeln relevanten Werte zu vergegenwärtigen. Und das nicht nur theoretisch, so daß diese Einsicht uns ganz äußerlich bliebe und sich an unseren Motivationen gar nichts änderte, also so, daß wir etwa sagen: „Es ist zwar objektiv ungerecht, so und so zu handeln, aber für mich ist es nun einmal vorteilhaft". Es stimmt in Wirklichkeit eben gar nicht, daß das, was wir im Grunde und eigentlich wollen, zu dem, was objektiv das Gute und Richtige ist, in einem fundamentalen Widerspruch stünde. Im Gewissen macht sich vielmehr das Allgemeine, die objektive Rangordnung der Güter und die Forderung, ihnen Rechnung zu tragen, unmittelbar als unser eigenes Wollen geltend. Das Gewissen ist eine Forderung von uns selbst an uns selbst. Indem ich einen anderen ungerecht schädige, kränke, verletze, schädige ich mich unmittelbar selbst. Ich habe, wie wir sagen, „ein schlechtes Gewissen".

Das Gewissen ist die Gegenwart eines absoluten Gesichtspunktes in einem endlichen Wesen; die Verankerung dieses Gesichtspunktes in seiner emotionalen Struktur. Weil dadurch im einzelnen Menschen selbst schon das Allgemeine, das Objektive, das Absolute gegenwärtig ist, darum sprechen wir von der Würde des Menschen und aus keinem anderen Grunde. Wenn nun gilt, daß durch das Gewissen der Mensch selbst, der einzelne Mensch, zum Allgemeinen, zu einem Ganzen von Sinn wird, so gilt allerdings auch, daß es für den Menschen überhaupt nichts Gutes geben kann, keinen Sinn, keine Rechtfertigung, wenn das Allgemeine, das objektiv Richtige und Gute nicht für ihn in seinem Gewissen sich als das Gute und Richtige zeigt.

Das Gewissen muß beschrieben werden als eine zweifache geistige Bewegung. Die eine führt den Menschen über sich hinaus. Sie läßt ihn seine eigenen Interessen und Wünsche relativieren, sie läßt ihn fragen nach dem, was an sich gut und richtig ist. Und um sicher zu sein, daß er sich dabei nichts vormacht, muß er mit anderen über das Gute und Gerechte im Austausch leben, in der Gemeinschaft von Sitten. Und er muß Gründe und Gegengründe zur Kenntnis nehmen. Wer sagt: „Sitten und Gründe interessieren mich nicht; ich weiß selbst, was richtig und gut ist", der macht sich gerade nicht objektiv und allgemein. Was er sein Gewissen nennt, ist von privater Laune, von Idiosynkrasie gar nicht unterscheidbar.

Es gibt kein Gewissen ohne die Bereitschaft, dieses Gewissen zu bilden, zu informieren. Ein Arzt, der sich nicht auf dem Laufenden hält über medizinische Fortschritte, würde gewissenlos handeln; und gewissenlos handelt auch jemand, der Augen und Ohren verschließt vor den Erwägungen anderer, die ihn auf Aspekte seines Handelns aufmerksam machen, die er vielleicht noch gar nicht bemerkt hat. Ohne solche Bereitschaft wird man nur in Grenzfällen von Gewissen sprechen können.

Aber zum Gewissen gehört dann auch die zweite Bewegung, die den einzelnen wieder ganz auf sich selbst zurückführt. Wenn, wie ich sagte, der einzelne selbst potentiell das Allgemeine, selbst ein Ganzes von Sinn ist, dann kann er die Verantwortung für sein Handeln nicht auf andere und auch nicht auf die Sitten seiner Zeit, auf die Anonymität eines Diskurses, eines Austausches von Gründen und Gegengründen abschieben. Natürlich kann er sich der herrschenden Meinung anschließen, und das ist sogar in den meisten Fällen das Vernünftige. Es ist nämlich ganz falsch, immer nur dem von der Mehrheit Abweichenden ein Gewissen zuzuerkennen. Aber immer trägt doch letzten Endes der einzelne selbst die Verantwortung. Er kann einer Autorität gehorchen, und auch das kann richtig und vernünftig sein; aber *er* ist es, der den Gehorsam letzten Endes verantworten muß. Er kann sich in einen Dialog begeben, Gründe und Gegengründe abwägen; aber der Gründe und Gegengründe ist kein Ende. Das menschliche Leben dagegen ist endlich. Es muß gehandelt werden, ehe weltweite Einigkeit über das Richtige und Falsche herbeigeführt ist. Der einzelne muß also entscheiden, wann er aus der Unendlichkeit des Abwägens austritt, den Diskurs beendet und mit Überzeugung zum Handeln übergeht.

Diese Überzeugung, die uns den Diskurs beenden läßt, nennen wir das Gewissen. Es besteht nicht immer in der Gewißheit, das objektiv Beste zu tun. Der Politiker, der Arzt, der Vater oder die Mutter, sie wissen nicht immer mit Sicherheit, ob das, was sie tun oder raten, das Beste ist, wenn wir die Gesamtheit der Folgen in Betracht ziehen. Aber was sie wissen können, ist, daß es das Beste von dem ist, was ihnen im Augenblick und bei ihren Kenntnissen möglich ist, und das genügt für die Gewissensüberzeugung; denn wir sahen schon, daß der Sinn, der eine Handlung rechtfertigt, gar nicht in der Gesamtheit ihrer Folgen liegt und liegen kann.

Im Gewissen scheinen wir uns der Außenlenkung gänzlich zu entziehen; aber tun wir das wirklich? Hier setzt ein gewichtiger Einwand ein. Der Kompaß, der uns hier lenkt, wie ist er denn in uns hineingekommen, wer hat ihn programmiert? Ist die Innenlenkung in Wirklichkeit nicht doch nur eine Fernsteuerung von hinten, nämlich aus der Vergangenheit? Das Steuergerät wurde von unseren Eltern programmiert. Wir haben die Normen, die in unserer Kindheit an uns herangetragen wurden, denen wir zu gehorchen hatten, verinnerlicht, und die Befehle, die man uns erteilte, in Befehle an uns selbst verwandelt.

Sigmund Freud hat in diesem Zusammenhang den Begriff des „Über-Ich" geprägt, das neben dem sogenannten „Es" und dem „Ich" unsere Persönlichkeitsstruktur ausmacht. Das Über-Ich ist sozusagen das verinnerlichte Vaterbild, der Vater in uns selbst. Bei Freud hatte dieser Gedanke allerdings noch nicht den denunziatorischen Charakter, den die Rede von den verinnerlichten Herrschaftsnormen in der neomarxistischen Sozialkritik hat. Freud bemerkte als Psychoanalytiker, daß das Ich sich überhaupt nur unter der Führung des Über-Ich bildet und aus der Befangenheit in der Triebsphäre, aus der Befangenheit im „Es" befreit. Allerdings muß es sich dann auch von der Übermacht des Über-Ich befreien, um wahrhaft Ich zu werden.

So treffend diese Beschreibungen Freuds sind, so irrig ist es doch, das, was wir Gewissen nennen, einfach mit dem Über-Ich gleichzusetzen und es bloß für ein Erziehungsprodukt zu halten. Das kann schon deshalb nicht stimmen, weil sich immer wieder Menschen aus Gewissensgründen gegen die herrschenden Normen einer Gesellschaft wenden, gegen die Normen, in denen sie aufgewachsen sind, sogar dann, wenn der Vater ein Repräsentant dieser Normen war. Es mag sein, daß dahinter oft einfach der Emanzipationsdrang des Ich steht, der einfache Reflex des Andersseinwollens. Dieser Reflex ist so wenig Gewissen wie der Reflex der Anpassung.

Doch man kann in der Geschichte immer wieder beobachten, daß die wirklichen Gewissenstäter oder Gewissensverweigerer Menschen waren, die gar nicht von vornherein zum Widerspruch und zum Dissidententum neigten, sondern Menschen, die am liebsten in Ruhe ihre tägliche Pflicht ohne Aufsehen getan hätten. „Ein treuer Diener meines Königs, aber Gottes zuerst", war die Maxime des englischen Lordkanzlers Thomas More, der alles tat, um dem König entgegenzukommen und einen Konflikt zu vermeiden, bis zu dem Punkt, wo er etwas unterschreiben sollte, was er mit seinem Gewissen schlechterdings nicht mehr vereinbaren konnte. Weder das Bedürfnis der Anpassung noch das Bedürfnis der Auflehnung leiteten ihn, sondern die ruhige Überzeugung, daß es Dinge gibt, die man nicht tun darf. Diese Überzeugung aber war so sehr mit seinem Ich identisch, daß das „Ich darf nicht" für ihn ein „Ich kann nicht" geworden war.

Wenn das Gewissen nicht einfach ein Erziehungsprodukt, wenn es nicht identisch ist mit dem Über-Ich, ist es dann vielleicht angeboren? Eine Art angeborener Instinkt sozialer Art? Das ist auch nicht der Fall; denn einem Instinkt folgt man „instinktiv". Aber das „Ich-kann-nicht-anders" des Triebtäters unterscheidet sich wie Tag und Nacht vom ‚Ich kann nicht anders' des Gewissenstäters. Der Triebtäter fühlt sich getrieben, unfrei; er würde wohl anders wollen, aber er kann nicht. Er ist mit sich selbst im Unfrieden. Das ‚Hier stehe ich, ich kann nicht anders' dessen, der nach seinem Gewissen handelt, ist dagegen Ausdruck der Freiheit. Es sagt soviel wie: „Ich will nicht anders. Ich kann nicht anders wollen, und ich will auch nicht anders können." Ein solcher Mensch ist frei. Er ist nämlich, wie die Griechen sagten, mit sich selbst befreundet.

Woher also kommt das Gewissen? Wir könnten genauso fragen: Woher kommt die Sprache? Warum sprechen wir? Natürlich sprechen wir, weil wir von unseren Eltern sprechen gelernt haben. Wer nie sprechen hört, bleibt stumm, und wer an keiner Kommunikation teilnimmt, kommt nicht einmal dazu zu denken; denn auch unsere Gedanken sind eine Art inneres Sprechen. Und doch würde niemand sagen, die Sprache sei verinnerlichte Fremdbestimmung.

Was wäre denn dann eigentlich „Selbstbestimmung"? Von sich selbst her sei der Mensch gar kein sprechendes Wesen und kein denkendes Wesen, kann man doch wohl nicht sagen. Die Wahrheit ist: Von sich selbst her ist der Mensch ein Wesen, das der Hilfe anderer bedarf, um das zu werden, was er von sich selbst her eigentlich ist; und das gleiche gilt auch für das Gewissen. Es gibt in jedem Menschen eine Anlage des

Gewissens, ein Organ des Guten und des Bösen. Das ist bei Kindern sehr deutlich zu sehen, wie jeder weiß, der Kinder kennt. Sie haben einen ausgebildeten Sinn für Gerechtigkeit. Sie sind empört, wenn sie die Gerechtigkeit verletzt sehen. Sie haben einen Sinn für echte und falsche Töne, für Güte und Aufrichtigkeit; aber ohne daß sie diese Werte in einer Autorität verkörpert sehen, verkümmert das Organ. Zu früh ausgeliefert an das Recht des Stärkeren, verlieren sie den Sinn für Fairness, das Zartgefühl, die Offenheit. Zunächst ist für sie das Wort, die Sprache ein Medium der Transparenz der Wahrheit. Aber wo sie, durch Drohungen eingeschüchtert, lernen, daß man lügen muß, um davonzukommen, oder wo sie erfahren, daß die Eltern ihnen die Unwahrheit sagen und die Lüge im täglichen Leben als normales Instrument des Fortkommens benutzen, da verschwindet der Glanz, und es bilden sich nur Kümmerformen des Gewissens. Das Gewissen wird grob. Ein zartes, empfindliches Gewissen ist das Kennzeichen eines innerlich offenen und freien Menschen und hat überhaupt nichts zu tun mit dem Skrupulanten, der statt auf das Richtige und Gute immer nur auf sich selbst schaut und jeden seiner eigenen Schritte argwöhnisch beobachtet. Das ist eine Form von Krankheit.

Es gibt nun Leute, die halten jedes schlechte Gewissen für eine Krankheit. Sie sehen es als Aufgabe des Psychologen an, dem Menschen das schlechte Gewissen, die sogenannten Schuldgefühle zu nehmen. In Wirklichkeit ist es eine Krankheit, kein schlechtes Gewissen, keine Schuldgefühle haben zu können, dann nämlich, wenn man tatsächlich eine Schuld hat. So wie es eine Krankheit, und zwar eine lebensgefährliche ist, keinen Schmerz empfinden zu können. Der Schmerz ist ein lebensdienliches Signal für eine Lebensbedrohung. Krank ist nur der, der ohne organische Ursachen Schmerz empfindet, und krank ist so der Skrupulant, der ohne Schuld ein schlechtes Gewissen hat; denn das schlechte Gewissen ist beim Gesunden ein Signal für eine Schuld, für eine dem eigenen Wesen und dem der Wirklichkeit widersprechende Haltung.

Die Revision dieser Haltung nennen wir „Reue". Reue ist, wie der Philosoph Max Scheler gezeigt hat, nicht ein sinnloses Herumwühlen in der Vergangenheit, wo es doch besser wäre, es einfach in Zukunft besser zu machen. Man kann es nämlich gar nicht besser machen, wenn man noch dieselbe Einstellung hat, aus der heraus man es zuvor falsch gemacht hat. Man darf die Vergangenheit nicht verdrängen. Man muß ihr bewußt ins Auge sehen, und das heißt: Man muß eine falsche Haltung bewußt ändern. Und da die Haltung eines Menschen nicht nur in seinem Kopf begründet ist, sondern in einer emotionalen Verfassung, bedeutet die Änderung dieser Haltung eine Art Schmerz über das Unrecht, das man getan hat. Von Trauerarbeit spricht der Psychologe Mitscherlich. Im Grunde erwarten wir solche Reue. Jemand, der ein Kind gequält und zum seelischen Krüppel gemacht hat, und dann lachend erklärt, ein Opfer sei nun genug, die nächsten würden es bei ihm gut haben, dem würden wir nicht trauen. Wenn der Schmerz über das Vergangene, wenn das schlechte Gewissen ihn nicht ergreift und verwandelt, dann heißt das eben: er bleibt der, der er war.

Hat das Gewissen immer recht? Das fragten wir zu Beginn. Und: Muß man immer seinem Gewissen folgen? Das Gewissen hat nicht immer recht. So wenig wie unsere fünf Sinne uns immer richtig führen und so wenig uns unsere Vernunft vor jedem Irrtum bewahrt, so wenig das Gewissen. Das Gewissen ist das Organ des Guten und des Bösen im Menschen, aber es ist kein Orakel. Es zeigt uns die Richtung, es veranlaßt uns, die Perspektive unseres Egoismus zu überschreiten und auf das Allgemeine, das an sich Richtige zu sehen. Aber um dieses in den Blick zu bekommen, dazu bedarf es der Überlegung, der Sachkenntnis, auch der, wenn ich so sagen darf, moralischen Sachkenntnis. Das heißt: einer richtigen Auffassung der Wertrangordnung, die nicht durch Ideologien verzerrt ist.

Es gibt irrende Gewissen. Es gibt Gewissenstäter, die offensichtlich anderen schweres Unrecht zufügen. Müssen auch sie ihrem Gewissen folgen? Natürlich müssen sie. Die Würde des Menschen liegt, so sahen wir, darin, daß er ein Ganzes von Sinn ist. Was objektiv das Gute und Richtige ist, muß von ihm auch als gut gewußt werden, um das Gute zu sein. Insofern gibt es für den Menschen überhaupt nicht das nur „objektiv Gute". Weiß er es nicht als das Gute, so ist es eben für ihn nicht gut. Er muß seinem Gewissen folgen, das heißt doch nur: er muß tun, was er für das objektiv Gute *hält,* und das ist im Grunde trivial. So gilt also: Wirklich gut ist nur, was objektiv *und* subjektiv richtig ist.

Gibt es denn kein Kriterium, das es uns erlaubt, ein richtiges von einem irrenden Gewissen zu unterscheiden? Aber wie sollte es das geben können? Gäbe es das, dann würde keiner mehr irren. Ein gewisses Anzeichen dafür, daß jemand wirklich seinem Gewissen folgt und nicht nur einer Laune, ist allerdings die Bereitschaft, sein Urteil mit dem anderer abwägend zu kontrollieren, zu konfrontieren. Aber das ist auch kein sicheres Kriterium; denn es gibt auch den Fall, daß jemand, genau umgekehrt, umgeben von intellektuell oder rhetorisch überlegenen Menschen, dennoch das sichere Gefühl hat, daß diese Leute unrecht haben. Nur daß er es nicht begründen kann. Nicht als ob er glaubte, die anderen hätten wirklich die besseren Gründe, er glaubt nur, daß er nicht der Mann ist, die besseren Gründe geltend zu machen. Er glaubt, daß es in der Zufälligkeit der Situation begründet ist, daß die Intelligenteren gerade auf der falschen Seite sind. Das Sichsperren gegen die Gründe kann in einer solchen Situation auch ein Akt des Gewissens sein.

Muß man dann auch das Gewissen der anderen immer respektieren? Das kommt darauf an, was man unter respektieren versteht. Auf keinen Fall kann es heißen, jedermann müsse alles tun dürfen, was sein Gewissen ihm *erlaubt*. Denn da dürfte ja der Gewissenlose alles. Es kann aber auch nicht heißen, jedermann müsse tun dürfen, was das Gewissen ihm *gebietet*. Gewiß, vor sich selbst hat er die Pflicht, seinem Gewissen zu folgen. Aber wenn er dabei Rechte anderer, das heißt eigene Pflichten gegen andere, verletzt, dann haben die anderen und hat auch der Staat das Recht, ihn daran zu hindern. Es gehört zu den Menschenrechten, daß das Recht eines Menschen nicht vom Gewissensurteil eines anderen Menschen abhängig gemacht wird. Über die Frage zum Beispiel, ob ungeborene Kinder etwas Schutzwürdiges sind, kann man diskutieren, wenngleich die Verfassung unseres Landes die Frage bejaht. Unsinnig aber ist der Slogan, es sei dies eine Frage, die irgendwelche Menschen in ihrem Gewissen zu entscheiden hätten. Denn entweder gibt es gar kein Lebensrecht von Ungeborenen, dann braucht man das Gewissen überhaupt nicht zu bemühen, oder es gibt ein solches Recht, dann kann es nicht zur Disposition des Gewissens anderer Menschen gestellt werden.

Der Gehorsam gegen die Gesetze eines Rechtsstaates, den die Mehrzahl seiner Bürger für gerechtfertigt hält, kann ebenfalls nicht auf die beschränkt werden, deren Gewissen es ihnen zum Beispiel nicht verbietet, Steuern zu zahlen. Wer sie nicht zahlt und auf Kosten anderer die Straßen und die Kanalisation benützt, wird eben gepfändet oder bestraft. Wenn er wirklich ein Gewissenstäter ist, wird er die Strafe auf sich nehmen.

Nur im Falle des Kriegsdienstes hat der Gesetzgeber eine

Regelung getroffen, die sicherstellt, daß niemand gegen sein Gewissen zum Dienst mit der Waffe gezwungen werden darf. Im Grunde hat der Gesetzgeber etwas Triviales getan, denn wem das Gewissen verbietet, zu kämpfen, kämpft eben nicht. Auch hier gibt es übrigens kein Kriterium, um letzten Endes von außen zu entscheiden, ob es sich um ein Gewissensurteil handelt oder nicht. Schon gar nicht sind Gerichtsverhöre geeignet, hier eine Entscheidung zu erleichtern. Solche Verhöre prämieren letzten Endes nur den cleveren Redner, der bereit ist, geschickt zu lügen.

Es gibt nur ein einziges Indiz für die Echtheit der Gewissensentscheidung, das ist die Bereitschaft des Betreffenden, eine unangenehme Alternative in Kauf zu nehmen. Das Gewissen eines Menschen wird nicht verletzt, wenn man ihn an der Ausführung von etwas hindert, was ihm sein Gewissen gebietet, denn für diese Verhinderung trägt er selbst ja keine Verantwortung. Darum darf und muß man einen Menschen einsperren, der durch Verbrechen die Welt verbessern will. Anders ist es, wo jemand gezwungen wird, aktiv gegen sein Gewissen zu handeln. Das ist eine Verletzung der Würde des Menschen. Aber kann man das überhaupt? Auch die Drohung mit dem Tode zwingt niemanden, gegen sein Gewissen zu handeln, wie die Geschichte der Märtyrer aller Zeiten beweist.

Es gibt jedoch eine Weise, daß Handlungen gegen das Gewissen erzwungen werden können: das ist die Folter, die den Menschen zum willenlosen Werkzeug anderer macht. Darum gehört die Folter zu den wenigen Handlungen, die immer und unter allen Umständen schlecht sind. Sie tastet nämlich das Heiligtum des Gewissens direkt an, jenes Heiligtum, von dem der vorchristliche Philosoph Seneca schrieb: „Es wohnt in uns ein heiliger Geist als Beobachter und als Wächter über unsere guten und schlechten Taten."

7

Das Unbedingte
oder: Was macht eine Handlung gut?

Nichts, so haben wir gesehen, was gegen das Gewissen geschieht, kann gut sein. Aber, so sahen wir weiter, daraus folgt noch nicht, daß alles gut ist, was in Übereinstimmung mit dem Gewissen geschieht; denn das Gewissen ist kein Orakel, sondern ein Organ. Als solches kann es fehlgeleitet sein. Und außerdem belehrt uns keine Introspektion, keine Versenkung in unser Inneres darüber, ob es denn wirklich das Gewissen ist, das da spricht. Kein äußerer Richter kann beurteilen, ob jemand wirklich nach seinem Gewissen handelt, und auch wir selbst können das nicht zweifelsfrei wissen. Das Gewissen ist der Blick des Menschen auf das Gute, aber das Auge kann sich nicht selber sehen. Wir müssen dem folgen, was wir zu sehen glauben.

Kant schrieb: „Es ist nichts in der Welt, ja auch außerhalb derselben zu denken möglich, was ohne Einschränkung für gut könnte gehalten werden, als allein ein guter Wille." Wenn wir uns an den Wortlaut dieses Satzes halten, so müssen wir gleich fragen: Was ist denn ein guter Wille? Doch wohl ein Wille, der das Gute will. So beantwortet sich die Frage nach dem Guten nicht schon durch den Hinweis auf den guten Willen. Die Allerweltsweisheit, es käme doch letzten Endes nur auf die gute Absicht an, ist gar nicht so harmlos, wie sie scheint. Sie kann leicht zu einer Rechtfertigung jeder Art von Unrecht und Bösartigkeit werden.

In gewisser Hinsicht hat jeder, der handelt, eine gute Absicht. Niemand will das Schlechte, weil es schlecht ist. Jeder will irgend etwas Positives, irgendeinen Wert, sei es ein Vergnügen, eine seelische Befriedigung, vielleicht sogar das Glück anderer Menschen, mehr Gerechtigkeit oder was immer. Platon und ihm folgend die ganze Antike und die Philosophen des Mittelalters sagten, daß jeder überhaupt nur um eines Guten, eines Wertes willen handeln könne. Das Böse, das Schlechte bestehe darin, daß jemand bei der Verfolgung dieses Guten auf eine nicht zu rechtfertigende Weise Übel anrichtet oder in Kauf nimmt. Vor allem, wenn er andere den Preis zahlen läßt, und das tut auch derjenige, der stiehlt, um anschließend in großem Stil wohltätig sein zu können. Die gute Absicht ändert nichts an der Ungerechtigkeit der Handlung.

Handlungen nur durch die sogenannte gute Absicht zu rechtfertigen, ist zudem eine Schule der Unaufrichtigkeit. Wir wollen ja, wie gesagt, nie das Böse um des Bösen willen, sondern wir wollen es als Mittel oder nehmen es in Kauf als Preis zur Erreichung eines in sich selbst nicht schlechten Zwecks. Wäre jede Handlung nur durch ihre gute Absicht gerechtfertigt, dann wäre derjenige der Unschuldigste, dem es am perfektesten gelänge, die negative Seite seiner Handlung aus dem Bewußtsein zu verdrängen. Jeder kann das bei sich selbst beobachten. Wer etwas zu tun versucht, was er eigentlich nicht tun sollte und eigentlich auch gar nicht wollen kann, der versucht in der Regel, die Aufmerksamkeit von der negativen Seite der Sache abzulenken und nur auf das Positive zu richten.

Das Gewissen erschwert uns diese Verdrängung, es ruft uns die Gesamtheit der Aspekte der Handlung in Erinnerung. Gewissen ist der Ruf zur Aufmerksamkeit. Gut kann nur ein Wille heißen, der sich vom Gewissen nötigen läßt, die ganze Wirklichkeit seiner Handlung ins Auge zu fassen; der sich nicht selbst betrügt, indem er sich auf seine sogenannte gute Absicht zurückzieht. Man könnte das Böse geradezu definieren als Verweigerung der Aufmerksamkeit. Wer schlecht handelt, weiß nicht, so könnte man sagen, was er tut. Die Sache ist nur die: er will es auch gar nicht wissen. Und eben darin und nicht in einer ausdrücklich schlechten Absicht liegt das Böse.

So hätten wir nun indirekt auch schon einen ersten Zugang zur Beantwortung der Frage: Was macht eine Handlung gut? Die Güte einer Handlung muß etwas zu tun haben mit Aufmerksamkeit, etwas mit dem ungetrübten Blick auf die Wirklichkeit. Was kann den Blick trüben? Vielerlei. Die Übermacht der Reize des Augenblicks, Sinnlichkeit, Machtstreben, Ideale. Auch Ideale. Was hatte denn ein Inquisitor vom Tod der Ketzer? Was hat denn ein Terrorist von seiner Schrecken verbreitenden Lebensweise? Er dient einem Ideal. Und er weigert sich, seine Aufmerksamkeit auf das zu richten, was seine Handlungsweise für die von ihr Betroffenen bedeutet. Und das gilt nicht nur für Inquisitoren und Terroristen, sondern für jeden von uns, der im Eifer, etwas Nützliches, Hilfreiches, Liebevolles zu tun, das ihm der Augenblick eingibt, seine Aufmerksamkeit davon ablenkt, daß er einen anderen für seine edlen Anwandlungen zahlen läßt. Jemanden, dem er – zum Beispiel aufgrund eines Treueversprechens – gerade das schuldet, was er einem anderen zuwendet.

Aber ist nicht das Gute selbst so etwas wie ein Ideal? Wenn es das wäre, worin bestünde es denn? Verlegenheit stellt sich ein, wenn man eine so unvorsichtige Frage stellt wie die, worin das Gute besteht. Platon pflegte zu sagen, gute Handlungen seien durch ihre Gutheit gut. Und das ist offensichtlich eine Tautologie. Aber die ist in gewisser Hinsicht unvermeidlich. Der 1958 gestorbene englische Philosoph Moore hat sich ausführlich mit den Versuchen beschäftigt, das, was wir meinen, wenn wir etwas gut nennen, durch irgendwelche andere Inhalte wiederzugeben. Er nannte alle solche Versuche naturalistische Täuschungen. Sie sind so irreführend wie die Versuche, das, was wir mit „blau" oder mit „leise" oder mit dem Wort „Schmerz" meinen, auf andere Begriffe zurückzuführen. Weder Gesundheit noch das Wohl des Vaterlandes noch die Maximierung von Lustzuständen, noch Egoismus oder Altruismus sind schlechthin das Gute. Das geht schon aus einer logischen Überlegung hervor, die wir bereits im ersten Kapitel angestellt haben.

Tatsächlich lassen sich immer Situationen denken, wo etwas, was meistens gut ist, gerade nicht gut ist. Auch Altruismus ist nicht immer gut. Es gibt Situationen, wo man, ohne ein Egoist zu sein, bei gerechter und unparteilicher Abwägung die Wünsche eines anderen den eigenen nachzustellen nicht nur berechtigt, sondern sogar verpflichtet ist. „Liebe deinen Nächsten wie dich selbst", das heißt ja nicht: „Liebe ihn über alles", sondern: Mache in deinem Wohlwollen keinen Unterschied zwischen dir und dem Nächsten. Und wer das erreicht hätte, der wäre schon sehr weit. Der naturalistische Fehlschluß besteht darin, irgendeinen Inhalt an die Stelle des Guten zu setzen. Das geht deshalb nicht, weil der moralische Gesichtspunkt, der Gesichtspunkt des Guten, ein absoluter Gesichtspunkt ist. Auch das haben wir schon im ersten Kapitel gesehen. Es macht keinen Sinn zu sagen: „Es wäre zwar gut, dies oder das zu tun, aber das Gute muß in diesem Augenblick zurückstehen." Das Gute ist vielmehr genau das, was nie zurückstehen muß und darf. Aber jeder einzelne Wert oder Inhalt muß doch, so scheint es, unter bestimmten Umständen gegenüber höheren Werten, dringlicheren Aufgaben oder fundamentaleren Verpflichtungen zurückstehen.

Der moralische Gesichtspunkt ist daher nicht ein zusätzlicher Gesichtspunkt, der zu den vielen Sachgesichtspunkten, die uns beim Handeln leiten, hinzuträte. Er ist nichts anderes, als die richtige, die wirklichkeitsgemäße Ordnung der Sachgesichtspunkte.

In diesem Sinne ist in der Tat Sittlichkeit nichts anderes als „Sachlichkeit", wie der Philosoph H. E. Hengstenberg schreibt. Die gute Handlung ist die, die der Wirklichkeit gerecht wird. Diese Antwort klingt sehr formal, um nicht zu sagen: leer. Man scheint durch sie in bezug auf das, was wir im einzelnen zu tun haben, nicht viel klüger zu werden. Aber das beansprucht die Antwort auch gar nicht. Sie verweist für den konkreten Inhalt unserer Handlungen auf ganz andere Quellen. Sie verweist auf jenes Wertgefühl, das uns im Bildungsprozeß erschlossen wird, sie verweist auf die Kenntnisse, die wir uns erworben haben. Was die Pflicht des Arztes ist, lehrt ihn meistens und vor allem die Medizin. Im übrigen lehrt es ihn jenes ärztliche Ethos, das sich aus der Natur des Vertrauensverhältnisses zwischen dem Patienten und ihm von selbst ergibt.

Das größte Hindernis bei der objektiven Beurteilung dessen, was wir zu tun und zu lassen haben, liegt in der mangelnden Bereitschaft, unseren Interessengesichtspunkt sozusagen für den Augenblick des Urteils in Klammern zu setzen. Darum lautet die wohl älteste und verbreitetste moralische Faustregel: „Was du nicht willst, das man dir tu', das füg auch keinem andern zu". Im Evangelium lautet dieselbe Regel, die sogenannte Goldene Regel: „Alles was ihr wollt, daß euch die Leute tun, das sollt auch ihr ihnen tun". Und Kants berühmter kategorischer Imperativ ist letzten Endes nichts anderes als eine Verfeinerung dieser Regel. Sie fordert uns auf, das Prinzip, dem wir folgen, unabhängig davon zu betrachten, daß wir selbst es sind, die gerade so und so handeln und daß andere die Betroffenen sind. Sie fordert uns auf, uns zu fragen, ob wir wünschen können, alle Menschen würden einer solchen Regel folgen und wir wären dabei die Betroffenen. Ich kann hier nicht die Tragweite und Leistungsfähigkeit der Goldenen Regel oder aller ähnlichen Verallgemeinerungsregeln diskutieren. Bernard Shaw schrieb einmal: „Tu' dem andern nicht, was du willst, daß man dir tue, denn er könnte einen anderen Geschmack haben als du". Was die Verallgemeinerungsregel prüfen will, ist einfach die Unparteilichkeit des Urteils in eigener Sache. Der Test ist jedoch nur negativ. Denn nicht jede Handlungsweise, die ihn besteht, ist deshalb schon gut. Was durch sie ausgeschieden wird, ist im Grunde nur ein primitiver Egoismus.

Entscheidend für die gute Handlungsweise ist etwas anderes. Entscheidend ist, ob wir im Umgang mit Dingen, mit Pflanzen, Tieren und Menschen und schließlich mit uns selbst jedes nach dem ihm eigenen Wert behandeln, d. h. daß wir der Wirklichkeit gerecht werden. Und das heißt zuerst und vor allem, daß wir jeden Menschen als ein Wesen behandeln, das ebenso Selbstzweck ist wie wir selbst. Natürlich gebrauchen wir einander ständig als Mittel für andere Zwecke. Die ganze arbeitsteilige Zivilisation beruht darauf. Entscheidend ist nur, daß in diesem System niemand *nur* Mittel ist, niemand Mittel, ohne zugleich auch Zweck zu sein, das heißt ohne in diesem Handlungszusammenhang immer auch *seine* Zwecke verfolgen zu können.

Darum sagte Kant, der Mensch habe keinen Wert, sondern eine Würde. Denn jeder Wert ist kommensurabel, er kann in eine vergleichende Berechnung eingehen. „Würde" dagegen nennen wir jene Eigenschaft, aufgrund deren ein Wesen aus jeder abwägenden Berechnung ausscheidet, weil es selbst Maßstab der Berechnung ist. Die Würde des Menschen hängt damit zusammen, daß er, wie ich in einem früheren Kapitel schon sagte, selbst eine Totalität von Sinn ist, selbst schon das Allgemeine. Seine Würde hat ihren Grund darin, daß er nicht nur ein Teil der Wirklichkeit unter anderen ist, sondern daß er in seinem Gewissen darauf bezogen ist, der Wirklichkeit als ganzer gerecht zu werden: als potentiell sittliches Wesen verdient der Mensch unbedingt Achtung.

Darum aber sind wir auch zur Selbstachtung verpflichtet. Und gerade die Selbstachtung des Menschen erfordert es, auch der außermenschlichen Wirklichkeit gerecht zu werden. Wer zum Beispiel Tiere zu seinem Nutzen oder zu seinem Vergnügen hält, schuldet es sich selbst, ihnen ein tiergemäßes Leben zu ermöglichen, solange sie überhaupt leben. Gegenstände, die einer höheren Verwendung fähig sind, zerstören oder auf eine niedrigere Weise verwenden, bedarf zumindest der Rechtfertigung. Das Eigentumsrecht allein ist keine solche Rechtfertigung. Das Eigentum entzieht eine Sache nur der Verfügung durch andere und gibt dem Eigentümer selbst die Entscheidung über die Verwendung, aber das heißt nicht etwa, daß die Verwendung nicht sittlich oder unsittlich sein kann. Etwas wegwerfen, was ein anderer brauchen kann, ist immer unsittlich. Es gibt eine gewisse, fast magische Scheu bei vielen Menschen, Brot wegzuwerfen. Die Scheu kann leicht darauf zurückgeführt werden, daß früher Brot knapp war. Aber was folgt daraus? Wir können daraus auch folgern, daß ein gewisses Maß des Überflusses für den Menschen nicht gut ist, weil es ihn blind macht gegen den Wertgehalt der Dinge.

Was macht eine Handlung gut? – so fragten wir. Und die Antwort lautet nun: daß sie dem, was ist, Rechnung trägt. Antworten dieser Art haben immer etwas Unbefriedigendes. Sie sind blaß und sie sind auch nicht operationalisierbar. Wir erfahren von ihnen nicht, was wir im einzelnen tun sollen. Aber das ist auch nicht nötig, denn was wir im einzelnen tun sollen, wissen wir zum allergrößten Teil schon vorher. Und Überlegungen dieser Art dienen in erster Linie dazu, uns über das, was wir schon wissen, einmal Rechenschaft zu geben. In den meisten Fällen ergibt sich, was wir zu tun haben, aus der sogenannten „Natur der Sache".

Es gehört zur Natur eines Versprechens, daß man es halten muß. Der andere verläßt sich darauf. Damit er sich darauf verlassen kann, hat man überhaupt versprochen. Es ergibt sich aus der Natur kleiner Kinder, daß die, deren Kinder sie sind, ihnen das zukommen lassen, was sie brauchen, falls nicht die Not sie daran hindert. Die eigenen Kinder als Schlüsselkinder herumlaufen lassen und während der Zeit Sozialpsychologie zu studieren und eine Vorlesung über Schlüsselkinder anzuhören, entspricht dieser Natur der Sache nicht.

Ich sagte, in weitaus den meisten Fällen versteht es sich von selbst, was zu tun ist. Aber es gibt Konfliktfälle. Es gibt Pflichtenkollisionen. Es gibt Fälle, wo es richtig ist, ein Versprechen nicht zu halten, weil eine dringlichere oder wichtigere Sache das rechtfertigt. Es ist leicht, in einfachen Modellsituationen zu wissen, was man soll. Die meisten Situationen, in denen wir uns befinden, sind jedoch komplex. In ihnen überlagern sich verschiedene Anforderungen, denen wir gerecht werden müssen, verschiedene Verantwortlichkeiten, in denen wir stehen. Auch hier ergibt sich meistens die Rangordnung der Wichtigkeit und der Dringlichkeit für jeden Urteilsfähigen und gerecht Denkenden von selbst. Aber doch nicht immer. Vor allem ist der Bereich dessen, für was wir eigentlich Verantwortung tragen, nicht ein für alle mal fixiert. Wir sahen schon, daß es unsinnig ist, diesen Kreis mit der Welt und der Menschheit gleichzusetzen und uns für alle

Folgen unserer Handlungen und Unterlassungen die Verantwortung zuzusprechen. Wofür wir sie aber jeweils wirklich zu tragen haben, das hängt von einer Vielzahl von Umständen ab, darunter auch davon, was für ein Mensch jemand ist. So kann eine obere Grenze dessen, was eine gute Handlung ausmacht, gar nicht definitiv angegeben werden. Meistens ist noch irgend etwas Besseres möglich als das, was jemand tut. Und es wäre ganz falsch zu sagen, man sei immer verpflichtet, das Bestmögliche zu tun. Das geht überhaupt nicht.

Wohl aber läßt sich eine untere Grenze angeben. Es gibt bestimmte Handlungen, durch die die Würde des Menschen immer verletzt wird, sein Selbstzweckcharakter immer angetastet wird, Handlungen, die durch keine sogenannten höheren Pflichten oder umfassenderen Verantwortlichkeiten gerechtfertigt werden können. Das hängt damit zusammen, daß die menschliche Person nicht ein rein geistiges Wesen ist, sondern daß sie sich von Natur auf eine bestimmte Weise manifestiert, nämlich durch ihren Leib und durch ihre Sprache. Wo der Leib und die Sprache nicht als Repräsentationen der Person respektiert, sondern nur als Mittel zu anderen Zwecken gebraucht werden, da wird die Person selbst nur als Mittel gebraucht. Daraus ergibt sich ganz konkret, daß die absichtliche und direkte Tötung eines Menschen, daß die Folter, die Vergewaltigung oder der Einsatz der Sexualität als Mittel für bestimmte Zwecke immer schlecht sind. Auch wer einen Menschen, der ihm berechtigtes Vertrauen entgegenbringt, belügt, kann dies nicht rechtfertigen. Er instrumentalisiert die Sprache und bringt sich als Person, die sich in der Sprache darstellt, sozusagen zum Verschwinden. Außerdem beraubt er den anderen der Möglichkeit, der Wirklichkeit gerecht zu werden, weil er dessen Kontakt mit der Wirklichkeit absichtlich unterbricht. So hat zum Beispiel niemand das

Recht, einen Kranken, der ernsthaft und im Vertrauen auf die Wahrheit nach seinem Zustand fragt, zu belügen, und ihn so der Möglichkeit zu berauben, sich mit seinem Schicksal auseinanderzusetzen.

Die unteren Grenzen des Erlaubten definieren nicht die gute Handlung. Nicht jeder, der die Wahrheit sagt, handelt deshalb schon gut. Er kann sie mit Liebe sagen, mit Wohlwollen und er kann sie als Waffe benutzen, mit infamer Gesinnung. Die gute Absicht, so sahen wir, macht zwar allein eine Handlung noch nicht gut, aber ohne gute Absicht, ohne gute Gesinnung gibt es keine gute Handlung. Tatsächlich geschehen mehr gute Handlungen, als wir gemeinhin denken, uneingeschränkt gute Handlungen. Man sollte dafür seinen Blick schärfen, denn nichts ermutigt mehr als solche Beispiele. Ich meine gar nicht heroische Beispiele. Ich denke an so einfache Dinge wie an den jungen Mann, den ich nach einem Weg frage, der schwer zu finden ist. Er unterbricht sein Vorhaben und geht fünf Minuten mit mir, um mir den Weg zu zeigen. Es ist eine Kleinigkeit, nicht der Rede wert, aber es ist ohne Einschränkung schön. Und jede solche Handlung rechtfertigt die Existenz der Welt. Der junge Mann hat keine großen moralischen Überlegungen angestellt, er hat getan, was ihm in den Sinn kam. Dies kam ihm in den Sinn, weil er so ist, wie er ist.

Es gibt einen alten Satz der mittelalterlichen Philosophen: agere sequitur esse, das Handeln folgt dem Sein. Letzten Endes sind nicht Handlungen gut, sondern Menschen. Was aber den Menschen gut macht, trägt in der christlichen Tradition den Namen „Liebe". Es ist eine Haltung der grundsätzlichen Bejahung der Wirklichkeit. Aus ihr entspringt ein universelles Wohlwollen, für das wir selbst nicht mehr im Mittelpunkt der Welt stehen, das sich aber sehr wohl auch auf uns selbst erstreckt: man muß auch mit sich selbst in Freundschaft leben, um gut zu leben. Gemessen an diesem Maßstab der Liebe allerdings sind wir alle nur bedingt gut.

Ich sagte vorhin: was in einer gegebenen Situation das Gute ist, hängt unter anderem ab von der Eigenart dessen, der sich in der Situation befindet. „Ist ein Arzt an Bord?" fragt man auf dem Schiff, wenn einer verletzt ist. Wenn einer Arzt ist, dann muß er helfen. Aber etwas Analoges gilt auch für andere Qualitäten des Menschen. Es gibt Menschen mit mehr Weitblick als andere. Sie schulden den anderen unter Umständen einen guten Rat. Es gibt Menschen mit einem ausgebildeteren Wertgefühl. Sie können nicht in aller Unschuld Dinge tun oder unterlassen, die man andern vielleicht nicht vorwerfen könnte. Es gibt Menschen, die eine Verantwortung übernehmen müssen für andere, zu der sonst niemand verpflichtet ist, einfach weil sie etwas sehen, was andere nicht sehen.

Das Handeln folgt dem Sein. Und es gibt zweifellos Rangunterschiede, auch zwischen Menschen. Es gibt auch Menschen, die moralisch höher stehen als andere. Sie dürfen nicht mehr als andere, sondern sie müssen mehr, weil sie mehr können und mehr sehen und einsehen. Sie kommen sich übrigens im allgemeinen nicht als etwas Besseres vor, sondern die Diskrepanz zwischen dem, was sie sehen, und dem, was sie tun, ist so groß, daß sie unter dieser Diskrepanz eher leiden. Sie haben einfach ein feineres Gewissen. Man hat immer wieder dem Christentum vorgeworfen, es habe den Menschen Schuldgefühle eingeimpft. Das ist ebenso falsch wie richtig. Die Wahrheit ist: das Christentum hat das Wertgefühl gesteigert, es hat sehender gemacht für die Wirklichkeit, und damit hat es naturgemäß die Möglichkeit eingeschränkt, auf unschuldige Weise Unrecht zu tun oder Gutes zu unterlassen. Wo mehr Licht ist, treten die Schatten deutlicher hervor. Wir alle werfen Schatten. „Niemand ist gut als Gott allein", heißt es im Neuen Testament. Aber das wußte schon der Jahrhunderte vorher lebende griechische Philosoph Anaximander, wenn er schrieb: „Woraus die Dinge entstehen, da hinein vergehen sie auch, nach der Ordnung der Zeit; denn sie zahlen einander Buße für das Unrecht". Anaximander wollte sagen: alles was existiert, nimmt Raum ein, den es anderen wegnimmt. Es wird durch seine bloße Existenz schuldig und es zahlt für seine Schuld, indem es nach einiger Zeit den Platz für anderes räumen muß.

Wenn wir den mythischen Gedanken einer Schuld der Dinge durch ihre bloße Existenz auch nicht nachvollziehen können, so bleibt doch die Tatsache, daß kein Mensch sich über seine egozentrische Sicht der Welt völlig erhebt. Wir alle haben unsere blinden Flecken, unsere konstitutionellen Unaufmerksamkeiten, wir alle treten einander irgendwie auf die Füße. Die Grenze zwischen Schuld und Unschuld ist dabei von niemandem eindeutig zu ziehen, weil die Unaufmerksamkeit, die dem Bösen zu Grunde liegt, gerade auf einer Verdrängung beruht. Ist Vergessen absichtlich oder unabsichtlich? Gleichviel, wir werden aneinander schuldig.

Aber es gibt etwas anderes als das unerbittliche Rad der Gerechtigkeit, das Menschen und Dinge zahlen läßt. Es gibt die Möglichkeit des Menschen, diese seine eigene Begrenzung als Schuld anzuerkennen und die des anderen seiner Unwissenheit zugute zu halten und zu verzeihen. Es gibt nicht nur Gerechtigkeit, es gibt auch Verzeihung und Versöhnung. Alle guten Handlungen ändern nichts daran, daß es kein menschliches Leben gibt, das als Ganzes einfachhin gut genannt zu werden verdiente. Jeder braucht Nachsicht und vielleicht sogar Verzeihung. Aber nur der kann sie beanspruchen, der selbst, ohne die Augen vor dem Unrecht zu verschließen, bereit ist, ohne Vorbehalte zu verzeihen. Nachsicht, Verzeihung, Versöhnung: das ist die höhere Gerechtigkeit. Auf sie bezieht sich das Wort Hegels: Die Wunden des Geistes heilen, ohne daß Narben bleiben.

8

Gelassenheit
oder: Das Verhalten zu dem,
was wir nicht ändern können

Das Thema, mit dem wir es hier zu tun haben, kommt in der neuzeitlichen Ethik selten vor. Es scheint auch auf den ersten Blick nicht in die Ethik hinein zu gehören: das Schicksal. Ethik hat es doch mit unserem Handeln zu tun, mit dem, was von uns abhängt. Was ohne uns ist, wie es ist, scheint kein möglicher Gegenstand ethischer Überlegungen zu sein. Und doch haben immer wieder Denker aller Zeiten es für das Wichtigste gehalten, daß der Mensch sich in ein richtiges Verhältnis zu dem setzt, was ohne ihn ist, wie es ist – zum Schicksal. „Der Anfang, das Prinzip der Moralwissenschaft", so schreibt Hegel in seinen Habilitationsthesen, „ist die Ehrfurcht, die wir dem Schicksal entgegenbringen müssen". Principium scientiae moralis est reverentia fato habenda.

Wie sollen wir das verstehen? Warum ist überhaupt das von uns Unbeeinflußbare Gegenstand einer praktischen Überlegung, wo diese doch praktisch folgenlos zu sein scheint? Lassen wir uns folgende Antwort versuchen: Menschliches Handeln hat, so haben wir gesehen, seine Würde darin, daß es nicht einfach als bewußtloses Teilelement eingeht in einen übergreifenden Geschehenszusammenhang. Jedes menschliche Leben ist vielmehr selbst ein Sinn-Ganzes. Der einzelne hat selbst seine Handlung in ei-

98

nem unbedingten Sinne zu verantworten. Sogar wenn er versuchsweise handelt, experimentell, sogar wenn er die Folgen seiner Handlung nicht absehen kann, so ist doch die Tatsache, daß er hier und jetzt dies oder das getan oder nicht getan hat, ein unwiderrufliches Faktum und als solches für immer Bestandteil seines Lebens. Als solches hat er es zu verantworten.

Aber wie sollen wir es verantworten, wenn wir doch gleichzeitig wissen, daß alle unsere Handlungen tatsächlich eben doch nur Teilmomente eines übergreifenden Geschehens sind, welches wir gar nicht in der Hand haben? Wo wir menschliche Freiheit als schlechthinnige Unabhängigkeit verstehen, da bleibt uns nur eine einzige Handlung, der Selbstmord. Mit ihm entziehen wir uns dem Gang der Welt. Aber diese Handlung negiert im selben Augenblick auch die Freiheit, die sie realisiert. In ihr verbraucht sich die Freiheit: sie ist dann nicht mehr.

Im übrigen hat der, der handelt, gar nicht die Wahl, ob er sich zur Wirklichkeit in ein Verhältnis setzen will oder nicht. Er tut es, indem er handelt. Er hat, indem er zu handeln beginnt, das Schicksal schon akzeptiert, das vergangene wie das künftige. Wieso das? Da es für den Menschen kein voraussetzungsloses Handeln ins Nichts und aus dem Nichts gibt, bedeutet Handeln immer schon, gegebene Bedingungen übernehmen. Nehmen wir als Beispiel die Politik. Es gibt sogenannte Politiker, die erklären, sie könnten zur Zeit *ihre* Politik nicht machen, weil die Bedingungen dafür nicht gegeben seien. Solche Leute verstehen gar nicht, was politisches Handeln heißt. Es heißt immer: unter gegebenen Bedingungen, die wir uns nicht ausgesucht haben, etwas Sinnvolles tun, nämlich das unter diesen Bedingungen Bestmögliche. Dazu kann auch der Versuch gehören, die Bedingungen zu ändern.

Im Unterschied zu den Tieren verändern Menschen immer handelnd zugleich die Randbedingungen ihres Handelns. Das ist es, was wir Geschichte nennen. Aber sie können das doch immer nur, wenn sie für ihr Handeln zunächst einen gegebenen Rahmen akzeptieren. Wer das nicht kann oder will, ist infantil geblieben. Zu den vorgegebenen Bedingungen gehört nicht nur der äußere Rahmen unseres Handelns, sondern auch unser eigenes So-Sein, unsere Natur, unsere Biographie. Nicht nur die Wirklichkeit außer uns ist, wie sie ist, auch wir selbst sind in einem gewissen Maße, wie wir sind, ohne das ändern zu können. Es ist zwar eine schlechte Ausrede, wenn ein Mensch, der einem anderen unrecht tut, einfach feststellt: „So bin ich eben." Denn unser So-Sein ist nicht eine feststehende Größe, die unser Handeln bestimmt, sondern es wird umgekehrt auch immer wieder durch unser Handeln geformt. Aber auch dieses Handeln beginnt nicht am Nullpunkt. Nicht alles ist uns jederzeit möglich.

Erst im Laufe unseres Lebens entdecken wir die durch unsere Natur vorgezeichneten Grenzen. Und wenn wir mit jeder Handlung indirekt auf uns selbst einwirken, uns selbst gestalten, so bedeutet das eben auch, daß unsere vergangenen Handlungen für uns den Charakter des Schicksals annehmen. Es ist dies wichtig zu bedenken, weil zum richtigen Leben das klare Bewußtsein gehört, daß wir mit allem, was wir tun, jedem Wort, jeder Geste, jeder Lektüre, jeder Fernsehsendung, jeder Unterlassung, etwas Unwiderrufliches in der Formung unserer selbst tun. Der Stellenwert des Geschehenen kann sich ändern, wir können einen neuen Weg einschlagen, aber nie ist etwas so wie vorher. Unser eigenes Handeln nimmt im Ablauf der Zeit für uns die Gestalt des Schicksals an. Wer das nicht will, darf nicht handeln. Aber das hilft ihm auch nichts, denn die Unterlassung würde ihm auch zum Schicksal.

Noch irritierender für das Autonomiebewußtsein ist die Tatsache, daß der Handelnde auch die Zukunft nicht im Griff hat, daß er vielmehr nur handeln kann, wenn er bereit ist, sich auch mit Bezug auf die Zukunft in das Erleiden des Schicksals zu fügen. Das ist leicht einzusehen. Es ergibt sich aus der einfachen Tatsache, daß wir die langfristigen Folgen unseres Handelns nicht kontrollieren können. Schon der Schachspieler kann, wenn er mit einem einigermaßen ebenbürtigen Gegner spielt, den Gang des Spieles nicht voraussehen. Jeder seiner Züge bildet für den Gegenspieler die Herausforderung für einen Gegenzug und ist nicht etwa nur Bestandteil seiner eigenen Strategie. Was langfristig aus unserem Handeln wird, wissen wir nicht. Wir können hoffen, daß unsere Intentionen von denen, die nach uns kommen, aufgenommen und irgendwie fortgesetzt werden. Wir selbst sind ja für sie auch Schicksal, so wie sie für uns. In der Hand haben wir dieses Schicksal nicht.

Handeln heißt deshalb immer: sich loslassen, sich selbst und seine Intentionen aus der Hand geben. Insofern ist endliches Handeln immer zugleich eine Einübung des Sterbens. Es gibt in Wirklichkeit gar nicht eine klare Grenze zwischen Handeln und Leiden. Handeln selbst schließt das Erleiden unmittelbar ein. Wenn das so ist und wenn dennoch wahrbleiben soll, daß das Leben des einzelnen Menschen ein Ganzes von Sinn ist, dann nur, wenn auch das Umgekehrte gilt, das heißt, wenn Leiden selbst noch einmal eine Form von Handeln ist. Entweder, unser Handeln wird von der Äußerlichkeit des Schicksals aufgesogen, neutralisiert, wie die konzentrischen Wellen, die ein Stein in einem großen See hervorruft, oder aber wir setzen uns in ein bewußtes und ausdrückliches Verhältnis zu dem, was geschieht, und nehmen es so in den Sinn unseres Lebens mit auf.

Wie sieht das aus? In welches Verhältnis können wir uns

setzen zu dem, was geschieht? Es gibt, wie mir scheint, drei Möglichkeiten. Ich verwende für sie die Worte Fanatismus, Zynismus und Gelassenheit.

Der Fanatiker ist der, der daran festhält, daß es Sinn nur gibt als von uns gesetzten und realisierten. Wenn er die Tatsache zur Kenntnis nimmt, daß der Handelnde der Übermacht des Schicksals gegenübersteht, so weigert er sich doch, diese Tatsache zu akzeptieren. Er will die Rahmenbedingungen ändern oder zugrunde gehen. Michael Kohlhaas wird zum Fanatiker. Er ist nicht bereit, seine Ohnmacht gegen das Unrecht, das ihm widerfahren ist, hinzunehmen und setzt die ganze Welt in Brand, damit das Recht wiederhergestellt wird. Fanatisch ist jeder Revolutionär, der keine moralischen Grenzen seines Handelns anerkennt, weil er davon ausgeht, daß überhaupt erst durch sein Handeln Sinn in die Welt kommt – während jeder moralische Standpunkt davon ausgeht, daß immer schon Sinn da ist, nämlich durch die Existenz jedes einzelnen Menschen, und daß, wenn dies nicht so wäre, jedes Bemühen vergeblich wäre, überhaupt etwas Sinnvolles zu tun. Der Fanatiker ist der, der mit Hitler sagt: Wenn wir untergehen, hat die Weltgeschichte ihren Sinn verloren.

Das Gegenteil des Fanatikers ist der Zyniker, obgleich jenem in der Praxis zum Verwechseln ähnlich. Der Zyniker ergreift nicht die Partei des Sinnes gegen die Wirklichkeit, sondern die der Wirklichkeit gegen den Sinn, er verzichtet auf Sinn. Er betrachtet auch Handeln unter dem Aspekt mechanischen Geschehens. Er glaubt an das Recht des Stärkeren. Zynisch waren die Athener, die die kleine Insel Melos erpressen wollten, ihre Bundesgenossen gegen Sparta zu werden. Sie drohten, alle Männer zu töten und Frauen und Kinder in die Sklaverei zu führen. Die Melier wiesen auf die Ungerechtigkeit dieses Verhaltens hin. Die Athener aber antworteten:

„Was heißt hier Gerechtigkeit? Gerechtigkeit gibt es nur zwischen annähernd Gleichstarken. Ihr seid schwach, wir sind stark, daraus ergibt sich alles weitere." Das ist Zynismus, durch keine Ideologie gemildert, denn die Ideologie ist immer noch die wenigstens formale Anerkennung moralischer Regeln wie der der Gerechtigkeit, wenn diese auch in die Richtung partikularer Interessen gebogen werden. Über solche Verbiegung läßt sich aber streiten, man kann sie entlarven, kritisieren, man kann die Ideologie beim Wort nehmen. Der Zyniker ist unangreifbar, weil er von vornherein die Partei der sinnlosen Wirklichkeit ergriffen hat. Der Fanatiker hat sozusagen Schaum vor dem Mund; der Zyniker grinst. Oft wird der Fanatiker nach einiger Zeit zum Zyniker, wenn er nämlich seine Erfahrung mit der Übermacht der Realität, die er bekämpft, gemacht hat. Im Grunde sind sie beide von Anfang an darin miteinander einig, daß die Wirklichkeit, die unser Handeln umgibt, die ihm vorausgeht und in die es einmündet, sinnlos ist.

Diese Überlegungen zeigen uns, daß es sinnvolles Handeln überhaupt nur geben kann, wenn wir uns in ein positives Verhältnis zur Wirklichkeit setzen, die den Rahmen unseres Handelns abgibt. Dem Fanatiker, der Sinn will, kann man das vielleicht klarmachen, dem Zyniker natürlich nicht. Ihm ist mit Argumenten so wenig beizukommen wie dem radikalen Skeptiker, man kann ihn nur sich selbst überlassen. Man muß ihn bekämpfen, wo andere seine Opfer werden. Helfen kann ihm höchstens jemand, der ihm auf andere als argumentative Weise eine Welt des Sinnes erschließt, jemand, der ihn Werterfahrungen machen läßt. Helfen kann ihm vielleicht Liebe, aber auch nur, wenn er will und wenn er einsieht, daß Zynismus eine Krankheit ist, die den Menschen selbst um den Sinn seines Lebens bringt.

Die vernünftige Haltung des Menschen gegenüber dem

Schicksal, jene Haltung, die die Philosophie aller Zeiten ge-
lehrt hat, nennen wir: Gelassenheit. Das Wort stammt aus
der Sprache der deutschen Mystik des Mittelalters, die Sache
ist aber sehr einfach. Unter Gelassenheit verstehen wir die
Haltung dessen, der das, was er nicht ändern kann, als sinn-
volle Grenze seines Handelns in sein Wollen aufnimmt, der
die Grenze akzeptiert. Das scheint trivial zu sein. Was wir
nicht ändern können, geschieht ja ohnehin, ob wir es akzeptieren oder nicht. Richtig. Und eben deshalb sollen wir uns
mit ihm anfreunden, weil wir anders mit uns selbst nicht befreundet sein können. Denn auch unser eigenes Dasein und
So-Sein ist Schicksal. Wer das Schicksal nicht akzeptiert,
kann sich selbst nicht akzeptieren. Ohne Freundschaft mit
sich selbst aber kann es kein gutes Leben geben.

Es waren vor allem die Philosophen der Stoa, die die Lehre
von der Gelassenheit entwickelt haben. Epiktet und Seneca
priesen die Annahme des Schicksals als endgültige Befreiung
des Menschen. Wer das, was ohnehin geschieht, so sagten
sie, in sein Wollen aufnimmt, dem kann nichts mehr gegen
seinen Willen geschehen. Er ist so frei wie Gott. Das höchste
Ideal des stoischen Weisen war die Apathia, die Leidenslosig-
keit und Leidenschaftslosigkeit. Gegen diese Haltung kann
man nun allerdings einwenden, daß durch sie umgekehrt das
menschliche Handeln um eine entscheidende Dimension
verkürzt wird, nämlich um die Dimension des leidenschaftli-
chen Engagements. Die Stoiker lehrten Leidenschaftslosigkeit, sie verurteilten sogar die Leidenschaft des Mitleids. Der
Mensch solle nur aus reiner sittlicher Vernunft handeln. Nun
gehören aber die Leidenschaften zur Natur des Menschen,
und die Natur will ja der Stoiker akzeptieren. Also müßte er
auch die eigene Natur akzeptieren. Außerdem kann nur der
wirklich engagiert Handelnde die Grenzen des Möglichen
testen. Wenn er vor dem Unmöglichen kapituliert, weiß er,

daß es wirklich unmöglich war. Seine Kapitulation ist allerdings eine schmerzhaftere als die des Stoikers, denn er gibt etwas auf, woran er wirklich gehangen hat.

In diesem Punkt unterscheidet sich die christliche Lebenslehre von der stoischen. Auch sie lehrt, wie alle Weisheitslehren der Welt, die Ergebung in das Schicksal. Aber sie unterscheidet sich von den anderen Weisheitslehren durch größeren Realismus einerseits und durch eine neue Motivation andererseits. Der Realismus liegt darin, daß die Grenzen der natürlichen Subjektivität wirklich ausgemessen werden. Der in diesem Sinne Gelassene trickst nicht sozusagen die Götter aus, indem er erklärt, die Trauben, die sie ihm vorhalten, seien ihm ohnehin zu sauer. Er ist nicht leidenschaftslos, nicht gleichgültig gegen den Erfolg oder Mißerfolg seiner Absichten, wie die Stoiker lehrten. Deshalb wird sein Scheitern dramatischer. Im Alten Testament wird Hiobs Hadern mit Gott geschildert, seine verzweifelten Anklagen gegen Gott; denn im Unterschied zum Zyniker besteht Hiob darauf, daß die Wirklichkeit als Werk Gottes sinnvoll sein müsse. Aber er kann diesen Sinn nicht entdecken. Am Ende steht dann einfach die Kapitulation vor der Übermacht Gottes, der ihm vorhält, daß er und nicht Hiob schließlich das Krokodil und das Nilpferd gemacht hat. Und auch Jesus ist offenbar alles andere als ein stoischer Weiser, wenn er in Todesangst um sein Leben bittet, um dann hinzuzufügen: „Nicht mein, sondern dein Wille geschehe."

Die Resignation vor dem Unvermeidlichen ist nur dann wirklich menschlich, wenn das Unvermeidliche sich wirklich als solches erwiesen hat. Erweisen kann es sich aber nur für den, der wirklich an die Grenze gestoßen ist und nicht aus Angst, sich Beulen zu holen, es gar nicht erst versucht hat, die Grenzen des Möglichen zu erweitern. Gelassenheit ist deshalb nicht Fatalismus. Es ist die Bereitschaft des Handelnden, sein Scheitern noch als sinnvoll zu akzeptieren. Das setzt voraus, daß wir nicht eine prinzipielle Grenze ziehen zwischen unserem Handeln und der Wirklichkeit, die dieses Handeln einerseits ermöglicht und an der es andererseits scheitert.

Es ist die Eigentümlichkeit der Religion, in beidem denselben Grund zu sehen. Gott gilt einerseits als Ursprung und Garant der sittlichen Forderungen. Andererseits aber als Herr der Geschichte, das heißt als der, der auch noch im Scheitern unserer guten Absichten verehrt wird und der überdies – und das ist die Hauptsache – die letztendliche Übereinstimmung der guten Absichten mit dem Weltlauf garantiert. Ich sagte: das ist die Hauptsache. Wir könnten uns nach Analogie des universellen Täuschegeistes, den Descartes erfunden hat, einen solchen Täuschegeist, einen genius malignus ausdenken, der systematisch dafür sorgen würde, daß alle unsere guten Absichten immer ins Gegenteil verkehrt werden, daß unsere guten Handlungen immer schlechte Folgen haben. In einer solchen Welt würden wir gar nicht gut handeln können.

Zum guten Handeln gehört deshalb das Vertrauen, daß dies nicht der Fall ist, das Vertrauen, daß Gutes auch zu Gutem führt, wenigstens im allgemeinen und auf lange Sicht. Nur dann nämlich hat gutes Handeln überhaupt Sinn; nur dann wird sein immanenter Sinn nicht vernichtet durch den Weltlauf. Wir können das aber nur glauben, wenn wir zugleich glauben, daß es dem Bösen nicht definitiv gelingt, sich seinerseits auch durchzusetzen; denn dann würden die guten Absichten letztendlich alle vereitelt. Der Gottesglaube schließt daher sogar den Gedanken ein, daß die schlechten Absichten auf lange Sicht ins Gegenteil verkehrt werden und zum Guten beitragen müssen. Das ist übrigens der Kern der Geschichtsphilosophie ebenso von Kant wie von Fichte und

Hegel und noch von Marx. Und in diesem Sinne sagt Mephisto in Goethes Faust: „Ich bin ein Teil von jener Kraft, die stets das Böse will und stets das Gute schafft."

Der Gelassene handelt mit Entschiedenheit, aber er hat den Lauf der Dinge, der sein Handeln ermöglicht, und damit auch sein mögliches Scheitern akzeptiert; denn er weiß, daß der Sinn nicht erst durch ihn und sein Handeln in die Welt kommt. Martin Luther erwähnt einmal einen Missionar, der ein Land bekehren will und dann tatsächlich keinen einzigen Menschen bekehrt. Er beginnt mit seinem Schicksal zu hadern. Luther tadelt ihn deshalb mit der Bemerkung: „Es ist das sichere Zeichen eines schlechten Willens, daß er nicht leiden kann seine Verhinderung."

In diesem Sinne ist Gelassenheit nicht Passivität, Verzicht auf Veränderung der Welt, sondern Bejahung einer Wirklichkeit, die es überhaupt wert ist, daß man ihr durch Veränderungen zu Hilfe kommt. Wäre über die Welt das Wesentliche dadurch gesagt, daß sie schlecht ist, dann würde es sich nicht lohnen, Menschen zum Leben zu helfen. Denn jeder Mensch ist eine neue Weise, wie die Welt zum Bewußtsein kommt. Eine hauptsächlich schlechte Welt aber verdiente es gar nicht, immer wieder zu Bewußtsein zu kommen, immer wieder gespiegelt zu werden. Alle Hilfe, alle soziale Aktivität kann deshalb nur den Sinn haben, Menschen zu helfen bei der Entdeckung, daß das Leben lebenswert ist. Es gibt ja Lebensbedingungen, wo diese Entdeckung fast unmöglich ist.

Gelassene Annahme der Wirklichkeit ist, so sahen wir, die Bedingung dafür, daß der Mensch mit der Welt, mit seinesgleichen und mit sich selbst in Freundschaft leben kann, also die Bedingung eines glücklichen Lebens und die Bedingung dafür, daß der subjektive Lebenssinn nicht durch die Realität Lügen gestraft wird. Ein letzter Gedanke soll das erläutern.

Ich sagte schon: die Generationen sind füreinander Schicksal. Wir übernehmen die Welt, wie sie uns von den Älteren hinterlassen wurde. Und wir sind darauf angewiesen, daß Jüngere auf irgendeine Weise das ihnen hinterlassene Erbe aufnehmen und unsere Intentionen fortsetzen. Freundschaft zwischen den Generationen ist daher eine Bedingung dafür, daß dieses unser Handeln umgreifende Schicksal sich nicht als ein feindliches erweist. Die Älteren haben die Aufgabe, einerseits die Jugend in ihre Wertschätzungen so weit einzuführen, daß sie sie verstehen lernt, daß sie Identifikationsmöglichkeiten entwickelt und daß sie ihr selbständiges Handeln als Fortsetzung des Handelns derer vor ihnen begreifen kann. Die Älteren haben aber auch die Aufgabe, den Kommenden die Welt so zu hinterlassen, daß diese mit der Hinterlassenschaft etwas anfangen können, daß sie sich nicht einer übermächtigen Infrastruktur gegenübersehen, die sie sich gar nicht aneignen können, und daß sie nicht ein dezimiertes und ausgeplündertes Erbe übernehmen müssen. Die Jungen aber können nur sinnvoll handeln, wenn sie sich in ein affirmatives Verhältnis setzen zu der unfertigen Wirklichkeit, die sie vorfinden.

Es gibt zwar keinen Ersatz für Gelassenheit, nie und unter keinen Umständen und unter schlechten am wenigsten, aber es gibt große Erschwernisse; und es gehört zu den fundamentalen Pflichten des Menschen gegen seinesgleichen, ihm die gelassene Annahme des Schicksals zu erleichtern. Pflicht ist übrigens hier wohl das falsche Wort. Der Glückliche hat das natürliche Bedürfnis, Glück mitzuteilen. Geteilte Freude ist bekanntlich doppelte Freude. Gelassenheit ist eine Eigenschaft des Glücklichen. Der Philosoph Wittgenstein geht soweit zu schreiben: „Ich bin entweder glücklich oder unglücklich. Man kann sagen Gut und Böse gibt es nicht." Das ist zugespitzt und mißverständlich. Was Wittgenstein meinte, hat

vielleicht deutlicher der Philosoph und Brillenschleifer Spi-
noza formuliert: „Glück", so schreibt er, „ist nicht der Lohn
der Tugend, sondern die Tugend selbst."

Die Aktualität der Ethik

Otfried Höffe (Hrsg.)
Lexikon der Ethik

In Zusammenarbeit mit Maximilian Forschner,
Alfred Schöpf und Wilhelm Vossenkuhl
4., neubearbeitete Auflage. 1992. 332 Seiten. Paperback
Beck'sche Reihe Band 152

Vittorio Hösle
Praktische Philosophie in der modernen Welt

1992. 214 Seiten. Paperback
Beck'sche Reihe Band 482

Martin Thurau
Gute Argumente: Gentechnologie?

1990. 122 Seiten. Paperback
Beck'sche Reihe Band 409

Albert Schweitzer (Hrsg.)
Die Ehrfurcht vor dem Leben

Grundtexte aus fünf Jahrzehnten.
Herausgegeben von Hans Walter Bähr.
6. Auflage. 1991. 167 Seiten. Paperback
Beck'sche Reihe Band 255

Vittorio Hösle
Die Krise der Gegenwart
und die Verantwortung der Philosophie

Transzendentalpragmatik, Letztbegründung und Ethik
1990. 273 Seiten
Broschiert

Vittorio Hösle
Philosophie der ökologischen Krise

Moskauer Vorträge
1991. 151 Seiten. Paperback
Beck'sche Reihe Band 432

Verlag C. H. Beck München